괜찮은 나·우리 만들기

- Self Leadership -

윤 옥 한 저

괜찮은 나를 만들려면
당신의 부가가치를 높여라

머리부터 발끝까지
당신의 부가가치를 높이는 방법

교육과학사

머리글

토끼 잡으려면 귀 잡고, 개 잡으려면 목을 잡으면 된다. 사람 잡으려면 어떻게 하면 되는가? 멱살을 잡는다? 머리끄덩이를 잡는다? 허리를 잡는다? 답이 아주 다양하다. 어떤 사람은 약점을 잡는다고 한다. 치사한 인간이다. 사람을 잡으려면? 마음을 잡아야 한다. 이 책은 상대방의 마음을 잡는 책이다.

토끼와 거북이 경주 이야기가 있다. 토끼와 거북이가 달리기 시합을 한다. 토끼가 시합 중간에 낮잠을 자서 거북이에게 졌다는 이야기이다. 토끼가 왜 졌을까? 1번, 너무 자신감이 있어 중간에 좀 자도 될 것 같아서, 2번, 토끼가 거북이의 기를 살려 주기 위해서 일부러 져준 것이다. 3번, 내가 토끼의 마음을 어떻게 아는가? 모르겠다. 4번, 요즘 바쁘다. 답할 시간 없다. 여러분은 어떻게 생각하는가? 이 책을 다 읽으면 지금 생각했던 답이 달라질 수 있다.

토끼와 거북이 경주 중 토끼가 만약 다시 재 시합 경기를 거북이에게 제의한다면 여러분은 어떻게 할 것인가? 1번, 도전을 받아들이지 않는다. 왜냐 하면 한번 이겼는데 뭣 하러 또 도전을 받아들이느냐? 싫다. 또는 이번에는 토끼가 낮잠을 자지 않을 것 같고 시합에서 질 것 같아서 도전을 받지 않는다. 2번, 받아들인다. 왜냐 하면 한 번 이겼는데 한 번 져도 상관없다. 도전을 받아야 하는지 받지 말아야 하는지? 왜 그렇게 해야 하는지? 이 책을 다 읽으면 답이 보인다. 책 중간 어디엔가 내용이 있다. 왜 토끼 이야기가 많을까? 그냥 저자가 토끼띠다.

웃는 사람은 아름다운 사람, 웃기는 사람은 훌륭한 사람, 웃어주는 사람은 위대한 사람이다. 과연 그런가? 여러분이 가장 꼴 보기 싫은 한 명만 생각해 보라. 꼴 보기 싫은 사람이 가장 꼴 보기 싫을 때는 언제인가? 웃을 때다. 웃길 때다. 웃어 줄 때다. 그렇다면 따뜻한 미소가 더 꼴 보기 싫을까요? 냉소가 더 꼴 보기 싫을까요? 따뜻한 미소다. 꼴 보기 싫은 사람이 가장 꼴 보기 싫은 행동을 할 때는 언제인가? 친절할 때이다. 어제 부부 싸움을 했다. 상대방이 꼴도 보기 싫다. 그런데 이 꼴도 보기 싫은 사람이 다른 사람에게 따뜻한 미소를 지으며 친절하게 행동할 때 여러분 마음은 어떤가? 아마도 제일 꼴 보기 싫을 것이다. 이것은 말이나 내용보다 누가 하느냐가 중요하다는 것이다. 즉 다른 사람과 관계가 중요하다. 이 책은 관계에 대한 길잡이 역할도 한다.

너 참 괜찮다! 나 참 괜찮아! 라고 느낄 때 행복하지 않은가? 괜찮은 나 · 우리, 나의 부가가치를 높이는 방법으로 생각하는 머리, 보는 눈, 듣는 귀와 말하는 입, 상대방을 대하는 가슴, 실천하는 팔 다리를 괜찮게 하는 다양한 여행을 시작한다.

이 책은 저자가 15년 동안 기업체 · 공무원 · 학교 · 교회 등에서 특강한 내용을 엮은 것이다. 생생한 현장 이야기, 재미와 감동적 사례, Self Leader가 되기 위해 필요한 내용으로 구성하였다.

다양한 독자들이 이 책을 통해서 많은 도움이 되길 바란다. 눈물을 흘리며 씨를 뿌리는 자는 기쁨으로 거둔다. 아는 것이 힘이다. 아니다. 아는 것이 힘이 아니라 실천하는 것이 힘이다. 씨를 갖고 있지만 말고 심어야 한다. 언제 심을 것인가? 아는 것도 중요하지만 심는 행동이 필요하다. 난중일기 이야기가 있다. 이순신 장군이 전쟁 중 쓴 일기다. 하루는 이순신 장군이 피곤하여 일기를 쓰지 않았다. 그러자 부하가 장군에게 오늘은 어이하여 일기를 쓰지 않느냐고 물었다. 장군이 대답하기를 '피곤하여 난중에 쓰겠다'. 그래서 난중일기다. 유머다. 나중이 아니라 지금 이 책을 읽어라. 그리고 실천하라. 그러면 당신의 부가가치가 높아질 것이다. 딸 상미 · 아들 상호도 꼭 읽고 당장 실천해 보길 바란다. 현금 · 백금 · 순금 · 소금보다 귀중한 지금!

"그런 즉 너희가 먹든지 마시든지 무엇을 하든지 다 하나님의 영광을 위하여 하라."
(고린도전서 10장 31절)

2011. 9. 5.
넝쿨장미를 좋아하는 윤옥한

목 차

1장 생각하는 머리 • 10

4장 상대방을 대하는 가슴 · 190

5장 실천하는 팔 · 다리 · 244

1장

생각하는 머리

01 모든 것은 마음먹기에 달려 있다 / 02 긍정적 생각 관리 비법 / 03 사각하지 말고 생각하라 / 04 역량을 최대한 발휘하려면 심리한계를 높여라! / 05 자기 충족적 예언이 괜찮은 나를 만든다 / 06 아는 만큼 보이고·보이는 만큼 느끼고·느끼는 만큼 행동 / 07 포기할 것과 포기하지 말아야 할 것 / 08 노는 것 같은데 성과가 있는 사람·바쁘긴 한데 성과가 없는 사람 / 09 일개미 형·산 개미 형 / 10 남들과 다르게 최초에 도전하라 / 11 인생에서 중요한 3가지 선택 / 12 인생 나침반 역할을 하는 좌우명을 만들어라 / 13 자신에게 리더가 되라 / 14 나의 부가가치를 높이려면 생각하는 힘을 키워라

01

모든 것은 마음먹기에 달려 있다

생각이 나를 만든다.

인터넷이 뇌 구조까지 바꾸고 있다. 생각 없이 하는 인터넷은 우리를 하등 동물로 만든다. 불교에서 생각 버리기를 위하여 명상을 권하고 있다. 기독교에서는 생각을 채우라고 한다. 이것이 묵상이다. 생각을 버리든 채우든 생각이 중요하다.

사람이 하루에 몇 가지 생각하는가? 5만 가지다. 오만 가지 생각을 다 한다고 하지 않는가? 실제로 맞는지 모른다. 어쨌든 많은 생각을 하고 산다. 생각의 속도는 어떤가? 빛의 속도보다 빠르다. 물론 추상적 무형의 개념을 빛의 속도와 비교하기는 무리가 있다. 하지만 생각의 속도는 참으로 빠르다.

여기서 아프리카까지 가는 데 생각으로는 1초도 걸리지 않는다.

이러한 우리 생각을 관리할 수 있는가? 답은 있다. 그럼 어떻게 관리할 수 있는가? 미국 심리학자 윌리엄 제임스(William James)의 유명한 말이 있다. 생각이 바뀌면 말이 바뀌고, 말이 바뀌면 행동이 바뀌고, 행동이 바뀌면 습관이 바뀌고 습관이 바뀌면 인격이 바뀌고, 인격이 바뀌면 운명이 바뀐다.

긍정적 생각을 하면 긍정적 말이 나오고 부정적 생각을 하면 부정적 말이 나온다. 말은 사람의 행동을 결정하게 되고, 행동이 반복되면 습관이 된다. 습관은 인격을 만들며 인격이 그 사람 운명까지 결정하게 된다.

태도 변화가 인생을 바꾼다.

행복해서 웃는 것이 아니라, 웃어서 행복하다는 말이 있다. 인간은 태도를 변화시킴으로 자신의 인생을 바꿀 수 있다. 태도의 중심이 바로 생각이다.

성경은 총 66권으로 되어 있다. 구약 39권 신약 27권이다. 장으로는 총 1,189장이다. 구약 929장 신약 260장이다. 등장인물만 2,930명, 등장하는 지명은 1,551곳이다. 1,500년간 40명의 기자들이 시대와 인물이 다 다른데 쓰인 목적은 예수 한 사람이며 내용은 창조와 사랑과 구원 등이다. 그중 잠언 4장 23절에 보면 모든 지킬 만한 것 중에 더욱 네 마음을 지키라. 생명의 근원이 이에서 남이니라. 25장

28절에서는 자기의 마음을 제어하지 아니하는 자는 성읍이 무너지고 성벽이 없는 것과 같으니라. 성경에서 하나님 말씀이 중요한데 마음 경영은 내 자신이 한다. 건강도 재물관리도 성공도 은총도 모두 마음을 잘 관리해야 이룰 수 있다.

팔만대장경은 고려 고종 때 판각되어 현재 해인사에 소장되어 있다. 국보 제32호 팔만대장경은 정확히 81,258매로 구성되어 있다. 팔만대장경 글자 수는 5천 2백 3십 3만 152자다. 팔만대장경을 처음부터 끝까지 다 읽으려면 한문에 능통한 사람이 하루에 7시간 정도 읽어서 30년을 읽어야 한다.

팔만대장경을 다 읽은 스님에게 제자들이 물었다. 팔만대장경의 내용을 한마디로 요약해서 표현하면 무엇입니까? 스님은 대답하기를 '심(心)'이다. 팔만대장경 전체의 내용은 마음이다. 불교는 마음의 종교다. 일체유심조(一切唯心造)라는 말이 있다. 모든 것이 마음먹기에 달려 있다. 그러므로 어떻게 마음을 먹느냐가 중요하다.

위대한 사람 성공비결인 끌어당김의 법칙

플라톤, 레오나르도 다빈치, 아인슈타인 등 사상가, 과학자, 개척자, 창조자의 위대한 성공 비밀이 있다. 이들은 생각 에너지를 잘 관리했다. 우주 에너지 끌어당김 법칙을 잘 활용했다. 성공하고 싶은 사람만이 성공할 수 있다. 1등 하고 싶은 사람만이 1등 할 수 있다.

성공은 하나의 시스템이다. 부정적이고 안 좋은 일을 자꾸 생각하면 결국 부정적이고 안 좋은 일들을 끌어당겨서 결국 안 좋게 된다.

반대로 좋은 일을 생각하면 좋은 일만 일어난다. 부자가 되겠다고 생각하는 순간 부자 에너지를 끌어당겨 결국 부자가 될 수 있다. 간절히 원하면 이루어진다. 긍정적 생각과 간절한 믿음이 만났을 때 강력한 힘을 발휘한다.

물론 생각만 가지고 다 되는 것은 아니다. 피나는 노력을 해야 일을 성취할 수 있다. 이것이 바로 대가지불의 원칙이다. 노력 없이 큰 것을 얻고자 해서는 안 된다. 그러나 가장 먼저 해야 할 일이 바로 생각이다. 생각을 관리한 후 말이나 행동을 해야 한다. 그래서 생각 관리가 가장 중요하다.

엔리코 페르미(Enrico Fermi)의 추정에 관한 질문

최근 생각의 힘을 기업면접에서 평가하는 사례가 많다. 면접관 질문 유형 중 서울역 하루 평균 이용객 숫자는 몇 명인가? 전국의 전봇대는 몇 개인가? 전 세계 피자 하루 소비량은? 이런 질문을 받으면 어떤 사람은 모른다고 바로 답을 하는 사람이 있다. 반면 논리적으로 답을 하려고 노력하는 사람도 있다.

모른다고 바로 답 하는 사람은 면접에서 떨어질 확률이 높다. 어려운 질문에 논리적으로 답하려고 노력하는 사람이 면접에서 합격할 확률이 높다. 왜냐하면 모른다고 답하는 사람은 현업에서 어려운 문제를 주면 바로 못한다고 할 사람으로 추정하며, 어려운 질문을 해결하려고 노력하는 사람들은 현업에서도 어려운 문제를 주면 해결하려고 노력할 확률이 높다고 추정하기 때문이다.

이러한 질문을 페르미 추정에 관한 질문이라고 한다. 페르미 추정이란 세계 최초 원자로를 만든 노벨 물리학상을 수상한 엔리코 페르미(Enrico Fermi)의 이름을 붙여서 만든 것이다. 위의 질문에는 수학적, 논리적으로 문제 실마리를 풀어나가는 과정을 보는 것이다. 따라서 정답을 제시하기 보다는 정답을 찾아가는 생각의 힘을 찾고자 하는 질문이다.

02

긍정적 생각 관리 비법

긍정적인 생각을 하는 것이 좋다고 한다. 그러나 어떻게 긍정적으로 생각을 관리할 것인가? 방법에 대해서는 잘 알려 주지 않는다. 긍정적으로 생각을 관리하는 방법이 있다.

첫째, 오감관리를 잘 해야 한다. 특히 시각관리를 잘 해야 한다. 왜냐 하면 오감에 의한 지각 정도가 시각은 75%, 청각은 13% 후각, 미각, 촉각은 12% 영향을 미친다(David A, Peoples, Presentation Plus). 보는 것을 잘 관리해야 한다. 영화나 TV를 보더라도 아름다운 내용, 좋은 내용을 자주 본다. 아름다운 경치나 아름다운 사물을 보려고 노력해야 한다.

공포영화나 무서운 장면을 많이 보면 내 마음속에 두려움, 공포, 무서움으로 가득할 것이다. 매일 컴퓨터 앞에 앉아서 성행위 장면만 본다면 어떤 생각만 들겠는가? 매일 TV 앞에 앉아서 전쟁영화나 폭

력물만 본다면 어떤 생각이 들겠는가?

보는 것이 중요한 또 다른 이유는 형상화에 있다. 인간은 무엇을 보느냐에 따라 시각적 형상화를 한다. 시각적 형상화란 머릿속에 지워지지 않고 뚜렷이 남아있게 만드는 것이다. 어떤 것을 보느냐에 따라 머릿속에 이미지화 시키는 것이 달라진다. 그러므로 보는 것을 잘 관리해야 좋은 생각을 할 수 있다.

둘째, 청각관리를 잘 해야 한다. 들려오는 소리, 의도적으로 듣고자 하는 소리를 잘 관리한다. 시끄럽고, 공포 분위기 나고, 짜증나는 소리 들을 때 좋은 생각 긍정적인 생각이 들지 않는다. 클래식과 같은 조용한 음악, 기분을 좋게 해주는 음악, 아름다운 물소리, 새소리, 바람소리 들을 들으면서 나쁜 생각을 하는 사람은 잘 없을 것이다.

청각디자인을 하라. 올레길에 청각디자인을 한다면 시작시점에서 중간지점, 마지막 지점 등에 음악을 들려주면 훨씬 더 올레길이 명소화 될 것이다. 시각디자인에는 신경 쓰면서 청각디자인에는 왜 신경 쓰지 않는가? 나의 생활주변에 청각디자인을 해 본다.

셋째, 잠들기 전 관리를 잘 한다. 잠들기 전 좋은 장면을 보고 잠들어라. TV를 보던지, 책을 읽든지, 좋은 장면에서 끝내고 잠을 청하라! 그러면 꿈도 아름답게 꾸게 된다. 잠들기 전에 마음을 안정시켜 주는 조용한 음악, 편안한 음악을 듣는 것도 좋은 방법이다.

잠들기 전은 하루를 정리하는 시간이다. 하루의 일과가 바람직하게 끝났던지 아니면 그렇지 못했던지 스스로 내 자신과 잠들기 전

대화(sleeping monologue)는 긍정적이고 감사하는 마음으로 잠들 때 잠들어 있는 뇌도 긍정의 회로를 형성하게 된다. 나의 잠들기 전 대화를 만들어 보자.

넷째, 잠에서 깨어날 때 관리를 잘한다. 아침에 눈 떴을 때 첫 번째 생각관리를 잘 해야 한다. 잠에서 깨어날 때 좋은 것을 보고 좋은 음악을 듣는 것이 좋다. 아침에 처음 듣는 음악이 하루 종일 생각나서 흥얼거린 적이 아마 한두 번은 있었을 것이다. 일상생활에서 '처음의 처음'은 잠이 깨는 순간이다.

여러분은 아침에 깨는 순간 제일 먼저 아침 대화(morning monologue)를 무엇으로 하는가? 어떤 생각을 하고, 어떤 장면을 보고, 어떤 말을 하고, 어떤 행동을 하는가? 어떤 사람은 일어나자마자 기분 좋게 "아 잘 잤다. 상쾌한 아침이다."라고 하는 사람이 있는 반면 어떤 사람은 일어나자마자 기분 나쁜 소리를 한다. 나의 아침대화를 만들어 보자.

처칠 수상

영국의 유명한 수상이었던 처칠은 어린 시절 잠꾸러기였다. 그는 매일 늦게 일어나다 보니 시간 맞춰 제대로 학교 가는 날이 드물었다. 결국 낙제까지 하는 그런 아이였다. 늦잠을 자는 처칠에게 어느 날 어머니가 다가와서 사랑스럽고 나지막한 목소리로 이야기했다. "사랑하는 아들아 너는 앞으로 영국의 수상이 될 사람이다. 편안히

자고 일어나라."

처칠은 이처럼 사랑이 담긴 강렬한 메시지로 인해 그날 이후부터 열심히 생활하여 영국의 수상이 되었다고 회고록에서 밝히고 있다.

그렇다면 자신을 깨우는 아침의 소리는 무엇으로 할 것인지 깊이 한 번 생각해 봐야 하지 않을까? 또 상대방을 깨워 주는 사람은 어떻게 깨워야 할까? 생각해 봐야 할 것이다.

생각대로 T

양팔을 앞으로 펴고 손바닥이 하늘로 향하게 한다. 먼저 양팔이 똑 같은 높이에 있다는 것을 확인해 둔다. 눈을 감고 혼자서 한번 생각해 본다. 왼쪽 손에 한 사람을 완전히 들어 올릴 수 있을 만큼 헬륨이 가득 든 풍선을 묶어 둔다고 상상하고 그 이미지에 집중한다. 몇 초 동안 집중한 후 이번에는 오른쪽 손바닥 위에 물을 가득 채운 물통을 올려놓았다고 상상한다. 실제로 무겁다고 느껴지게 되기까지 그 이미지에 집중한다. 그리고 왼손에는 점차 거대한 풍선을 두 개, 세 개씩 묶어 둔다고 상상하고 오른 손에는 점차 물통을 두 개, 세 개씩 올려놓는다고 상상한다.

30초에서 60초 동안 이런 과정을 마친 다음 눈을 뜨고 양팔의 위치를 확인해 보자. 아마 왼손은 위로 올라가 있고, 오른손은 아래로 내려와 있을 것이다. 이것은 자신이 몹시 강하게 믿거나 생각하면 그대로 되기 쉽고 실패하는 것만 생각하면 정말로 실패자가 되기 쉽다는 것을 설명해 주는 간단한 실험이다.

갈등이나 스트레스를 겪는 상황에서 생각할 수 있는 것은 크게 두 가지밖에 없다. 하나는 긍정적 생각이고, 다른 하나는 부정적 생각이다. 선택의 여지는 둘 중 하나일 뿐이다. 그러나 전자를 선택하느냐, 후자를 선택하느냐에 따라 결과는 완전히 다르다.

03

사각하지 말고 생각하라

사각은 죽은 의식이며 생각은 살아 있는 의식이다. 사각은 생명이 없으며 생각은 생명이 있다. 사각하지 말고 생각해야 한다. 세상을 바꾼 세 개의 사과가 있다. 첫째는 아담과 이브가 에덴동산에서 따 먹은 사과이다. 둘째는 뉴튼이 만류인력의 법칙을 발견할 때 본 떨어지는 사과, 셋째는 아이폰을 만들어낸 애플이란 회사의 상징인 사과이다. 세 개의 사과가 인류의 지성사를 바꾸었다고 해도 과언이 아니다. 첫 번째 사과는 생각을 잘 못한 예이고, 둘째, 셋째 사과는 생각을 아주 잘 한 예라고 볼 수 있다. 이와 같이 어떻게 생각을 하느냐가 인류의 지성사를 바꾼다. 생각의 중요성이 이와 같다.

생각을 이렇게 해 보자. 첫째, 생각의 씨앗 심기이다. 생각의 씨앗이 좋아야 한다. 씨앗을 생각해 보라. 모든 씨앗은 작다. 작은 씨앗 하나가 몇 백 배 몇 천 배까지 성장한다. 성장하는 동안 온갖 시련이 있다.

시련을 잘 극복하는 씨앗은 엄청나게 성장할 뿐만 아니라 또 다른 씨앗을 만들어낸다. 작은 도토리가 큰 참나무로 성장하는 것을 보라. 수박 먹을 때 씨 한 번 보라. 그 작은 씨가 몇 천 배로 성장한다.

그렇게 되려면 씨앗에 생명이 있어야 한다. 좋은 생각은 생명력이 있다. 생명력이 있는 씨앗은 순수하며 깨끗하다. 온갖 욕심과 비리로 가득 채워져 있다면 그 씨앗은 생명력이 없다. 내 마음에 들지 않는다고 내 편이 아니라고 나에게 도움이 되지 않는다고 옳은 것을 옳다고 하지 못하며 그른 것을 그르다고 하지 못한다면 그 생각의 씨앗은 잘못된 것이다. 한 걸음 더 나아간다면 사실을 사실대로 말하는 것도 중요하지만 사실을 진실 되게 말하는 것이 더 중요하다. 사실을 사실대로 말하는 것은 객관적 사실만 말하는 것이요, 사실을 진실로 말하는 것은 객관적 사실에 사랑을 더 가미하여 말하는 것이 진실로 말하는 것이다. 내 마음의 씨앗을 정화해야 생명력 있는 생각의 씨앗을 심을 수 있다.

둘째, 생각의 씨앗 키우기이다. 뿌린 씨앗을 잘 키우기 위해선 노력해야 한다. 정원사가 정원을 가꿀 때 보라. 쓸모없는 것은 모두 잘라낸다. 그리고 잘 성장하는 것에는 더 잘 성장하도록 물과 거름을 준다. 생각도 마찬가지다. 쓸모없는 생각은 버려라. 도전할 때 최고의 적은 두려움이다. 두려움 보다 더 두려운 것은 없다. 두려움과 같은 생각을 버려야 성장할 수 있다.

생각을 키울 때 키우는 속도도 중요하다. 변화하는 환경과 적절히 속도를 맞춘다. 나만의 속도가 아니라 고객과의 관계 속에서는 고객의 속도에 맞추어야 한다. 너무 늦거나 너무 빠르면 잘 성장할 수 없다.

셋째, 생각의 수확이다. 생각의 열매가 성과이다. 그 성과가 달성된 후 어떻게 할 것인가?이다. 나누어야 한다. 감사해야 한다. 내가 열심히 노력한 것도 있지만 내 외부에서 많은 도움이 있었다는 사실을 기억해야 한다. 공기도, 바람도, 햇볕도 있었다. 개인도, 기업도, 국가도 마찬가지다. 성과를 공정하게 분배하지 않으면 다음부터 그 성과를 달성하기 위해 애쓰지 않는다. 이때 중요한 것이 있다. 열매를 맺지 못한 사람이 열매를 맺은 사람을 인정해야 한다.

스포츠 할 때 보면 주로 이긴 팀이 진 팀에게 먼저 위로해 준다, 잘못된 방식이다. 게임에서 진 팀이 이긴 팀을 먼저 축하해 주어야 한다. 그래야 게임이 끝난다. 왜냐하면 진 사람이 이긴 사람을 인정하지 않을 때 게임은 끝나지 않는다. 그런 후 게임에서 이긴 사람은 진 사람을 위로해 주고 격려해 준다. 이렇게 공정한 사회를 만들어야 한다. 인격이 있는 사람은 다르다. 열매를 맺지 못했을 경우 그것을 남 탓으로 돌리지 않는다. 또한 솔직히 열매 맺지 못한 것을 인정할 뿐만 아니라 열매 맺은 사람을 진심으로 축하해 준다. 열매를 맺었을 때에도 독식하는 것이 아니라 덕을 베푼다. 큰 생각을 한다. 개인에게 이러한 인격이 있다면 기업에게는 사격이 있고 국가는 국격이 있다. 나만 생각하는 작은 생각에서 벗어나서 큰 생각을 가지면 수확의 기쁨도 크게 된다.

04

역량을 최대한 발휘하려면 심리한계를 높여라

마음속 이미지나 직감인 심리한계

인간은 죽을 때까지 자기 두뇌의 5% 정도밖에 활용하지 못한다. 나머지 95%는 활용하지 못한다. 뇌를 10분의 1도 활용하지 못하는 셈이다. 보통 사람은 평소 자기 한계 능력의 30% 정도만 발휘한다. 성공한 사람도 50-60% 정도밖에 능력을 발휘하지 못한다.

그 이유는 자기 능력의 한계에 도달하기 전에 이미 마음속의 이미지나 직감을 통해 '할 수 없다' '불가능 하다' '안 된다' 등으로 자기 능력의 한계를 제한하기 때문이다. 결국 무의식적으로 힘내는 것을 그만 두기 때문이다. 무의식적으로 몸을 움츠리게 하는 마음속의 이미지나 직감을 이른바 '심리한계'라고 한다.

심리한계가 반사적으로 제동을 걸기 때문에 자기 능력을 마음껏 발휘할 수 없다. 능력을 충분히 발휘하기 위해서는 특별한 훈련 같은 것을 받기보다 자신의 심리한계를 높이는 것이 좋다. 심리한계를 높이는 방법은 간단하다. 마음속의 이미지나 직감으로 하여금 '나는 할 수 있다' '가능하다'고 긍정하면서 일에 임하기만 하면 된다. 이렇게 하면 자연히 확고한 태세가 갖추어지고 나아가 좋은 태도가 형성되어 결국 심리한계가 높아지게 된다.

하드필드 정신암시 효과 실험

영국의 정신병리학자 하드필드(J. A. Hardfild)는 정신암시가 완력에 미치는 영향을 그의 저서 『힘의심리』에서 소개했다. 악력계(握力計)를 사용한 세 사람 실험결과 예를 보면 세 사람을 각각 다른 조건하에서 실험했다. 첫째 보통 조건하에서 실험한 평균 대상자들의 경우 평균 악력은 101파운드였다. 두 번째 최면을 걸어 당신은 매우 약하다라고 암시를 준 후 재어 보았더니 겨우 29파운드 보통 힘의 3분의 1 이하였다. 세 번째는 당신은 매우 강하다라고 암시를 준 후 재어 보았더니 악력이 142파운드로 높아졌다.

'난 틀렸어. 안 돼. 난 할 수 없어'라는 말을 하면 자괴감이 들어 실제능력의 30%도 발휘하지 못한다. '난 할 수 있어! 난 특별한 사람이야!라는 말을 하면 자신감이 생겨 500% 이상 능력을 발휘한다.'는 것이다.

태도(態度)라는 말에서 '태(態)'는 '능할 능(能)'과 '마음 심(心)'이 합해진 글자다. 태도는 저마다의 능력과 마음의 정도에 따라 정해진다. 일반적으로 능력의 정도보다 마음의 정도가 태도를 형성하는데 더 큰 비중을 차지한다. 능력 차이보다는 마음을 갖는 형태에 따라 태도에 커다란 차이가 생긴다.

대개 직장에서 업무에 임하는 자세나 태도가 나쁘다고 할 때 능력이 있더라도 마음이 뒤따르지 않는 경우가 많다.

태도가 나쁘다는 것은 그 출발점에서 업무를 좋은 이미지로 받아들이지 않기 때문이다. 그래서 능력도 중요하지만 태도가 더 중요하다. 사람의 능력은 한계 능력을 두고 하는 말이 아니다. 능력이 있다거나 없다거나 하는 것은 사실상 심리한계와 관계가 있다. 그 심리한계는 본인이 하고자 하는 '의욕의 유무'로 결정된다.

'할 수 있다'고 생각하면 한계능력의 60% 정도를 발휘할 수 있으며, '할 수 있을 것 같다'고 생각하면 한계능력의 50% 정도 발휘할 수 있다. 반면 '안 된다'고 생각하면 한계능력의 30% 정도밖에 발휘할 수 없다. 영어 불가능(Impossible)을 콤마(')하나를 찍으면 가능(I' m possible)이 된다. 콤마(')가 바로 마음가짐, 태도다.

100점 인생은 태도(Attitude)

알파벳 단어와 숫자조합으로 인생론을 풀어내 호기심과 웃음을 자아냈다. '100점짜리 인생이란 무엇일까'란 질문을 던진 뒤 색다른 해석을 내렸다. 진대제 전 장관은 알파벳 A~Z에 차례대로 1~26점의 점수를 부여한 뒤 이를 각각의 문자에 적용하면 LUCK 47점, MONEY 72점, KNOWLEDGE 96점, HARD WORK 98점, FORTUNE 99점이다.

자세 몸가짐을 의미하는 "ATTITUDE는 100점이 나온다며 결국 인생은 마음먹기에 달려 있는 것이 아니겠느냐?"고 의미 있는 해석을 붙였다. 그는 이어 "공교롭게도 정신적 중압감을 나타내는 STRESS와 휴식을 의미하는 숙어 TAKE A REST 역시 100점이 나왔다"며 우리 삶은 적당한 스트레스와 휴식이 동시에 필요한 것 같다"고 설명한 바 있다.

‖ 코끼리 이야기 ‖

서커스 단원들이 코끼리를 다룰 때 발목을 간단한 끈으로 묶어도 훈련된 코끼리들이기 때문에 다른 곳으로 도망가지 못한다. 왜냐하면 이 코끼리들은 자신의 능력으로는 그 끈을 끊을 수 없다고 생각하기 때문이다.

이 코끼리들은 어린 새끼였을 때 아무리 발버둥치더라도 끊을 수 없었던 쇠사슬로 발목이 꽁꽁 묶여 있었기 때문에 커서도 자신에게는 발목으로 무엇을 끊는 능력이 없다고 생각해 버리기 때문이다.

‖ 벼룩 이야기 ‖

벼룩은 자기 몸의 수십 배를 뛰어 오른다. 그런 벼룩도 유리컵 위에 뚜껑을 덮어서 뚜껑에 부딪히게 하면 다음부터는 그 장애물 밑까지밖에 뛰어 오르지 못한다. 인간도 코끼리나 벼룩 같지 않은가?

자신의 능력이 무한한 잠재력을 갖고 있음에도 불구하고 주위 환경이나 여러 가지 실패한 경험들 때문에 자신의 능력을 충분히 발휘하지 못하고 능력의 한계를 미리 낮추고 살고 있지 않는가? 해 보지도 않고 미리 포기하는 마음이 코끼리와 벼룩 같은 마음이 아닌가? 자신의 심리한계능력을 높일 수 있는 것은 인간만이 가지고 있는 특성이다. 이 심리한계를 높여야 성과를 올릴 수 있다.

05

자기 충족적 예언이 괜찮은 나를 만든다

자기 충족적 예언 효과

사회학자 머튼(Merton)이 처음 한 말로 자기 충족적 예언(self fulfilling prophecy)이 있다. 뜻은 자기 자신의 예언에 따라 예언한 대로 모든 것이 이루어질 수 있다는 것이다. 우연한 근거를 가지고 한 가지 예언이 형성되면 그 예언이 바로 예언 자체의 실현을 위한 강력한 수단이 된다.

로젠탈(Rosenthal)과 제콥슨(Jacobson) 실험에 의하면 650명의 초등학생중 5분의 1에 해당하는 학생명단을 작성하여 교사에게 '유능한 학생'이라고 일러 주었다. 지능 검사 점수를 근거로 내세웠지만, 사실 이 명단은 특별히 유능한 학생들이 아니라 무작위로 뽑은 학생이었다. 그럼에도 불구하고 수개월 뒤 지능 검사를 비롯한 여러 가지 다른 검사를 실시해 보았더니 소위 이 '유능한 학생'으로 알려준 학생집단이 다른 학생집단보다 훨씬 높은 점수를 얻었다.

왜 그렇게 될 수밖에 없을까? 교사가 얼굴인상, 제스처, 말 등을 통해 '유능한 학생'들에게 학습을 더 잘하도록 은연중에 도와주었기 때문이라고 한다. 숙제 검사를 할 때 교사의 태도를 근거로 설명해 보자. 만일 흥부가 숙제를 해오지 않았을 경우에는 "집에 무슨 일 있었니?" 아니면 "숙제를 집에 두고 왔어?"라고 말하지만, 놀부가 숙제를 해오지 않았을 경우에는 "너 어제 뭐했어?"라고 한다.

놀부가 "사실은 숙제를 했는데 집에 두고 가져오지 못했다"라고 하면 교사는 "아니, 이놈이 이젠 거짓말까지 해!"라거나 "집에 금송아지 백 마리가 있으면 뭐해?"라는 식의 반응을 보이게 된다. 흥부와 놀부를 대하는 교사의 태도도 틀릴 뿐만 아니라 눈빛, 손길, 표정 등도 다르게 나타날 것이다.

운동 경기를 할 때도 마찬가지이다. 강력한 상대방을 만나 경기를 해보기도 전에 먼저 불안감이나 긴장감이 휩싸여 자기 팀이 패배할지도 모른다는 자기 충족적 예언에 빠질 경우 이것이 전의를 위축시켜 패배의 요인이 될 수 있다. 반대로 마음속에서 이길 수 있다. 충분히 해 볼 만하다는 자기 충족적 예언을 할 경우 사기가 높아져 상대 팀이 자기 팀보다 한 수 위라고 할지라도 이길 수 있는 확률이 높아진다.

운동 경기의 경우 대체로 Home 경기에서 많이 이기고 Away 경기에서 많이 지는 것도 자기 팀을 응원하는 관중들의 힘이 상당히 중요한 요인으로 작용하기 때문이다. 선수 개개인이 마음속으로 이길 수 있다 이겨야 한다는 자기 충족적 예언을 강하게 하면 사기가 높아져 그와 같은 현상이 일어나게 되는 것이다.

피그말리온 효과 (pygmalion effect)

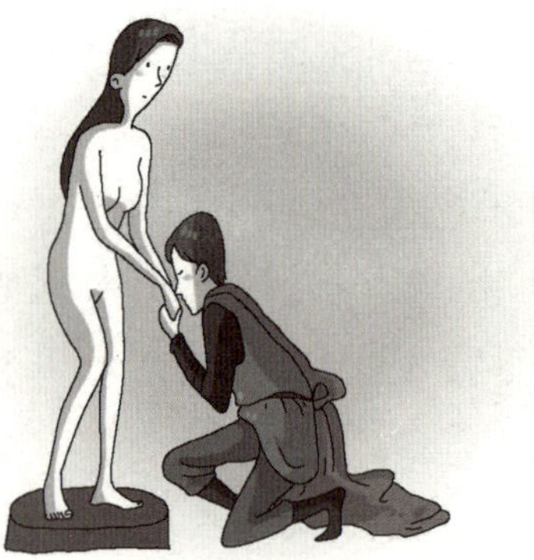

그리스 신화에 나오는 이야기다. 피그말리온은 여자의 결점을 너무 많이 보았다. 그래서 여성을 혐오하게 되고 독신으로 지내기로 마음먹었다. 그러면서 코끼리뼈로 여자를 조각하였다. 조각한 여자는 너무 훌륭했다. 겉모양은 처녀의 모습으로 정말 살아있는 것처럼 보였다. 자신의 작품에 감탄한 나머지 자시의 조각품과 사랑에 빠졌다. 종종 손을 만져보고 포옹을 하기도 하였다. 그 조각품을 그녀의 아내라고 불렀다.

피그말리온은 신에게 기도하였다. 조각으로 만든 처녀와 같은 여인을 아내로 점지해 주십시오. 아프로디테는 그의 말을 듣고 그가 말하려고 한 참 뜻을 알았다. 신은 그의 소원을 들어주었다. 피그말리온은 집에 돌아가서 그의 조각을 보러 갔다. 상아 조각의 입술에

키스하였다. 그러자 그 입술은 온기가 있는 것 같았다. 팔 다리에 자기의 손을 대 보았다. 그러자 그 상아는 그의 손에 부드럽게 느껴졌다. 피그말리온은 의심하면서도 놀라며 기뻐하고 현실이기를 바랐다. 그것은 현실이었고 조각은 살아 있는 여자가 되었다.

‖ 낙인 효과 (stigma effect) ‖

피그말리온 효과와 반대로 나쁜 사람이라고 부정적인 낙인이 찍히면 그 낙인에 걸맞은 행동을 한다는 것.

‖ 플라시보 효과 (placebo effect) ‖

밀가루를 알약처럼 만든 플라시보가 약효를 보는 것처럼 가짜 약이 진짜 약처럼 정신적 신체적 변화를 일으키는 것.

‖ 노시보 효과 (nocebo effect) ‖

적절한 처방이나 약도 정작 환자 본인이 믿지 않고 의구심을 가지면 약을 먹는다 해도 잘 낫지 않는다는 것.

06

아는 만큼 보이고 · 보이는 만큼 느끼고 · 느끼는 만큼 행동

알아야 면장을 할 수 있다.

알고 있는 만큼만으로 세상을 본다. 그럴 수밖에 없다. 알지 못하면 보이지 않는다. 부동산 투자도 자신이 알지 못하면 어디에 투자해야 할지 보이지 않는다. 주식도 마찬가지이다. 알지 못하면 어느 종목을 사야 할지 보이지 않는다. 학생도 공부하지 않으면 시험을 쳐도 답이 보이지 않는다. 배우자를 선택하거나 직업을 선택할 때도 자신이 알지 못하면 잘 선택할 수 없다.

속담에 알아야 면장을 한다는 말이 있다. 알아야 한다는 것이다. 알아야 무엇이든 할 수 있다. 알기 위해 공부해야 한다. 자기개발을 꾸준히 해야 한다. 우리가 알고 있는 지식이 증가해 온 과정을 보면 AD 1년부터 1750년까지 축적된 지식의 양이 배로 증가한 것은 1900년이었다. 1750년 동안에 축적된 지식의 양이 배로 증가하는데 걸린 시간은 150년이었다. 그 지식의 양이 다시 배로 증가된 것이 1950년이다.

1900년 동안 축적된 지식의 양을 배로 증가시키는 데 걸린 시간이 겨우 50년밖에 되지 않았다. 다시 배로 늘어난 것이 1975년이다. 1950년 동안 축적된 지식의 양이 겨우 25년 만에 배로 늘어난 셈이다. 더욱 놀라운 사실은 1975년 이후에는 10년 1987년부터는 5년 만에 배로 증가될 정도로 지식의 양이 폭증했다.

미국의 MIT 공과대학교 연구에 의하면 2000년대 이후에 우리가 알고 있는 이 지식의 양이 매 11시간 마다 두 배씩 증가한다고 한다.

농담으로 하는 이야기지만 박사학위 유효기간이 몇 년인가? 박사학위에도 유효기간이 있는가? 있다는 것이다. 문과 분야의 경우 6개월 이과 분야의 경우 3개월이다. 왜냐하면 학위 받고 난 이후 아무것도 공부하지 않으면 따라 갈 수 없다는 이야기다.

30대 교수는 어떤 것만 가르치는가? 어려운 것만 가르친다는 것이다. 왜냐하면 어려운 것을 가르쳐야 실력 있는 줄 알기 때문이다. 40대 교수는 어떤 것만 가르치는가? 중요한 것만 가르친다. 왜냐하면 10년 정도 경험이 있기 때문이다. 50대 교수는 어떤가? 아는 것만 가르친다. 60대 교수는 어떤가? 생각나는 것만 가르친다. 자기개발하지 않으면 그렇게 된다는 것이다. 유머다.

‖ 개구리 이야기 ‖

만약 개구리를 뜨거운 물에 넣으면 개구리는 반사적으로 금방 튀어 나올 것이다. 그러나 개구리를 따뜻한 물에 넣고 서서히 열을 가하면 개구리는 스스로 빠져 나올 힘을 잃을 때까지 점점 따뜻해지는 물을 마냥 즐기다가 자기도 모르게 죽음을 맞이하고 만다.

왜냐하면 생존 위협을 감지하는 개구리의 내부 기관은 급격한 환경변화만 감지할 뿐 점진적인 환경 변화에는 둔감하기 때문이다. 서서히 온도가 올라가는 따뜻함을 즐기다가 저도 모르게 죽음을 맞이한다. 개구리와 마찬가지로 치유가 불가능한 심각한 병에 걸려 대수술을 하지 않으면 회복하기 어려운 지경에 빠지는 개인이나 기업이 우리 주변에도 많다. 끊임없이 자기개발을 해 나가지 않으면 안전한 지대에만 머물러 있으면 결국 개구리처럼 죽게 된다.

개인의 평균수명과 사회적 변화의 폭을 비교해 보면 고대 로마시대의 경우 평균 수명이 25~30년이다. 이때는 사회적 변화가 느리기 때문에 평생 동안 배운 지식을 갖고 있더라도 큰 문제가 되지 않았다. 반면에 20세기의 경우 평균 수명은 70년 정도인데 사회적 변화 폭은 대단히 빠르다. 지금 배운 지식은 몇 년 되지 않아 쓸모없는 지식이 될 수 있으며 새로운 지식을 계속해서 습득해 나가지 않으면 결국 사회변화에 능동적으로 대처해 나갈 수 없게 된다.

스틸(Still)은 인간의 정신적인 능력과 나이의 관계를 조사한 바 있다. 이 조사에 의하면 성공한 사람의 경우에는 여러 가지 능력을 꽃피우면서 극히 고령에 이르기까지 그 힘을 보전하지만 성공하지 못한 사람의 경우에는 30세를 넘기면 총체적인 퇴행 현상이 나타난다. 그는 인간의 정신적 능력은 단련을 계속 하면 할수록 급속히 쇠퇴하는 일이 결코 없다는 것이다.

‖ 솔개 이야기 ‖

강의할 때 사례로 드는 새 이야기가 있다. 솔개라는 이 새는 장수하는 조류로 약 70년을 산다. 70년까지 살려면 약 40년이 되었을 때 고통스러운 변화를 거쳐야 한다. 40년 된 솔개는 발톱이 노화하여 사냥을 잘 할 수 없다. 부리도 길게 자라고 구부러져 가슴에 닿을 정도가 된다. 깃털도 짙고 두껍게 자라 날개가 매우 무겁게 되어 하늘로 날아오르기 어렵다. 30년을 더 살기 위해 솔개는 부리로 바위를 쪼아 부리가 깨지고 빠지게 만든다. 그러면 새로운 부리가 난다. 새로 돋은 부리로 발톱을 하나하나 뽑아낸다. 이렇게 고통스러운 변화를 한다. 그런 후, 약 반년이 지나면 솔개는 환골탈퇴하여 완전히 새롭게 30년을 살게 된다. 나는 현재 인생의 어느 정도에 있는가? 나는 제2의 인생을 살아보기 위해 노력을 얼마나 하고 있는가?

‖ 공룡 이야기 ‖

수천 년 전에 북아프리카에 살았던 브라키오사우르스라는 공룡이 멸망했다. 멸망한 이유는 여러 가지 학설이 있지만 그 중에 한 학설은 다음과 같다. 이 공룡은 꼬리를 물면 15초 후에 반응하고 몸통을 물면 20초 후에 반응한다. 공룡은 다른 짐승들이 와서 자신의 몸을 헤쳐도 잘 대처해 나가지 못했다.

그 이유는 몸집이 너무 커서 적절하게 대처하지 못했다. 이 공룡은 길이가 23미터 정도이고 몸무게는 약 80톤 정도 된다. 크기로 보면 아파트 8~10층 정도이고, 황소 한 마리가 약 450kg 나간다. 80톤이면 8만 kg이니까 황소 약 170마리 정도의 무게가 된다. 이 정도의 공룡이 살아가려면 얼마나 많은 먹이가 필요한가?

이 공룡처럼 우리가 환경변화에 잘 적응하지 못하면 살아남지 못한다. 이러한 공룡의 이야기를 먼 옛날이야기라고 웃고만 있을 것인가? 개인도 끊임없이 자기개발을 하지 않으면 공룡처럼 멸망하고 말 것이다.

07

포기할 것과 포기하지 말아야 할 것

포기 · 실패

삶에서 포기할 것과 포기하지 말아야 할 것을 잘 구분해야 한다. 포기할 것은 빨리 포기하는 것이 최고다. 미련을 두고 집착하면 시간만 낭비한다. 쓸데없는 고집 부리고, 되지도 않는 것에 매달려 시간을 허비할 바에는 빨리 포기하는 것이 좋다. 빨리 포기해야 할 것에 희망을 가지고 매달리면 인생 다 지나간다.

예를 들면 00고시 같은 경우 5년, 7년, 10년 매달리는 경우가 있다. 포기하지 않고 끝까지 도전한다고 하는데 젊은 인생 다 지나간다. 그렇게 해서 합격한다고 해도 10년 세월 보냈던 시간이 아까워 제대로 잘 살 수 없을 것이다. 뭔가 포기해야 할 때에는 빨리 포기하고 다른 일을 찾는 것이 제일 좋다. 빨리 포기해야 할 것과 빨리 포기하지 말아야 할 것을 현명하게 구분하는 것이 중요하다.

포기하지 말아야 할 일이 있으면 포기해서는 안된다. 예를 들면 내가 지켜야 할 가치나 내 삶에서 중요한 일의 경우에 포기해서는 안된다. 인생은 실패할 때 끝나는 것이 아니라 포기할 때 끝난다. 이 말은 미국 37대 대통령인 닉슨 대통령이 한 말이다. 그는 Watergate Scandal 때문에 대통령 임기 중 사임한 최초 미국 대통령이다.

사임한 이후 사회의 차가운 시선과 자신의 절망감을 딛고 일어서는 데 성공했다. 비록 대통령으로서는 실패했지만 인생을 포기하지는 않았다.

한때는 심리적 충격 등으로 건강이 심각하게 악화되기도 했지만 '뒤를 돌아보지 않는다.'는 그의 좌우명대로 새로운 삶을 개척하여 퇴임한 후에도 8권의 왕성한 집필활동과 레이건 전 대통령, 클린턴 전 대통령 등의 자문 역할을 하는 등 미국 외교정책에 큰 영향력을 발휘했다.

|| Watergate Scandal ||

1972년의 미국 대통령 선거전에서 닉슨 대통령의 공화당 행정부가 워싱턴 D.C.에 있는, 사무실·아파트 호텔로 사용되는 다용도 건물인 워터게이트 빌딩의 민주당 전국위원회 본부에 도청장치를 설치하여 불법 정치활동이 폭로되어 발생한 미국의 정치 스캔들이다. 이 사건으로 인해 닉슨 대통령은 임기 중 사임한 최초의 미국 대통령이 되었다.

실패는 성공하기 위해 값을 치른 경험

인생에서 실패할 때가 있다. 실패란 어떤 일을 도전할 때 있는 것이다. 아무것도 도전하지 않으면 실패도 없다. 실패는 성공하기 위해 값을 치른 경험이다. 포기하는 순간 실패했던 경험도 실패로 끝나는 것이다. 성공이란 거듭된 실패를 경험으로 이루어낸 좋은 결과물이다. 성공의 반대말은 실패가 아니라 포기이다. 실패와 포기의 차이는 이렇다. 실패는 자신이 하고 싶은 것을 열심히 노력했는데 몇 프로가 부족한 것이고, 포기는 하다가 힘들어서 안 하는 것이 포기이다. 성공이란 포기하지 않는 자에게 주는 선물이다.

지금도 얼마나 많은 사람들이 포기하여 인생을 실패로 끝내고 있는가? 노숙자들 삶을 보면 대부분 인생을 포기하고 나온 사람들이다. 그들이 백발노인도 아니요, 정신병자도 아니요, 육체적으로 병약한 사람도 아니요, 100번 도전한 적도 없었지 않은가? 어떤 일에 실패하여 모든 것을 바로 포기하였기 때문에 인생이 끝나는 것이다. 포기란 가장 큰 실패이다. 포기하지 않은 한 실패하지 않는다. 성공이란 포기하는 않는 자에게 주는 선물이다. 포기하지 말고 계속 도전하고 노력하다 보면 인생은 다시 아름답게 만들 수 있다는 꿈과 희망이 보인다.

‖ 링컨 대통령 ‖

31세에 사업에 실패. 33세에 입법부 위원에 낙선. 33세 다시 사업에 실패. 34세에 입법부 의원 당선. 35세 부인의 사망. 43세 신경조직 파괴. 46세 국회의원 낙선. 48세 다시 낙선. 55세 주지사 낙선. 58세 다시 주지사 낙선. 60세 마침내 대통령 당선.

‖ 야구 왕 베이비 루스 ‖

미국 야구 메이저 리그의 홈런 타자로 21년 동안 1,330번의 삼진아웃을 당하고도 714개의 홈런을 쳐서 1936년에 미국 야구 명예의 전당에 기록.

‖ 발명왕 에디슨 ‖

천재는 99%의 노력과 1%의 영감으로 만들어진다고 말한 발명왕 에디슨은 "당신은 전구 만드는 데 왜 그렇게 많이 실패를 합니까?"라는 질문에 "나는 전구를 만들지 못하는 999가지의 방법을 알고 있습니다."라고 대답했다는 것이다.

‖ 아프리카 기우제 이야기 ‖

어느 아프리카에서는 추장이 기우제만 드리면 비가 온다는 신기한 일이 있다. 어떻게 해서 기우제만 드리면 비가 오는가? 나중에 알아보니 그 추장은 비가 올 때까지 기우제를 드린다는 것이다.

08

노는 것 같은데 성과가 있는 사람 · 바쁘긴 한데 성과가 없는 사람

몽고메리 장군 장교의 자질

바쁘긴 한데 성과가 없는 사람이 있고 노는 것 같은데 성과가 있는 사람이 있다. 어떤 차이 때문에 이런 결과가 나오는 것일까? 몽고메리 장군은 장교의 자질을 이렇게 구분한다. 똑똑하면서 부지런한 사람, 똑똑하면서 게으른 사람, 멍청하면서 부지런한 사람, 멍청하면서 게으른 사람이 있다. 똑똑하면서 부지런한 장교는 참모로, 똑똑하면서 게으른 장교는 지휘관, 멍청하면서 게으른 장교는 그런대로 어떻게 활용방법을 찾으면 되지만, 멍청하면서 부지런한 장교가 문제라는 것이다.

멍청하면 가만히 있어도 도움이 되는데 멍청한 장교가 부지런하면 문제되는 일을 만들기 때문에 골치 아픈 장교라는 것이다. 이런 사람들이 바쁘긴 한데 성과가 없는 사람들이다. 차라리 이런 사람들은 바쁘지 않는 것이 더 좋다.

아는 사람 · 좋아하는 사람 · 즐기는 사람 · 가치를 찾는 사람

천재는 1%의 영감과 99%의 노력으로 만들어진다는데 99% 노력하는 사람을 이길 수 있는 사람이 있다. 일을 즐기면서 하는 사람이다. 공자가 말하기를 "아는 사람은 좋아하는 사람을 이길 수 없고 좋아하는 사람은 즐기는 사람을 이길 수 없다."는 것이다. 知之者는 不如 好之者며, 好之者는 不如 樂之者이다. 知는 대상에 대한 인식이며, 好는 대상과 주체간의 관계에 관한 규정이고, 樂은 대상과 주체가 혼연 일체화된 상태를 의미한다.

知란 진리의 존재를 파악한 상태이다. 好는 그 지식을 내가 좋아하느냐 않느냐의 관계이다. 樂은 그 진리의 존재를 내가 즐기느냐 하는 문제다. 예를 들면 음악에 대하여 악보를 어떻게 이해하는지 아는 것과 음악 자체를 좋아하는 것과 음악을 즐겨 하는 사람은 분명 차이가 있다.

술도 마찬가지다. 술의 성분이나 술의 특성에 대하여 얼마만큼 아는 사람과 그 술을 좋아하는 사람과 술을 즐기는 사람은 분명 차이가 있다. 컴퓨터 게임에 대한 지식을 아는 것과 컴퓨터 게임을 좋아하는 사람과 그 컴퓨터 게임을 즐기는 사람과는 생활방식에 차이가 있을 것이다.

어떤 대상이든 대상에 대하여 아는 사람과 그 대상을 좋아하는 사람과 그 대상을 즐기는 사람은 대상을 대하는 방식에 분명한 차이가 있다. 나는 즐기는 사람을 이길 수 있는 사람은 없을까 생각해 보았다. 어떤 사람은 질긴 사람이 이긴다고 한다.

내가 생각하기에 즐기는 사람을 이길 수 있는 사람은 보람을 찾는 사람, 가치 있는 것을 찾고자 하는 사람이다. 樂之者는 不如 價之者라는 것이다. 즐기지 않는데도 불구하고 자신의 인생을 모두 헌신하는 사람들이 많이 있다. 우리는 돈을 벌기 위해서 일하지만 돈을 내가 주면서 일하는 곳이 있다. 어디인가? 봉사단체 또는 종교단체이다. 왜 그렇게 하는가? 가치가 있기 때문이다. 가치 있는 삶, 보람 있는 삶에 자신의 생을 거는 사람들이다. 주로 봉사, 희생, 종교적 활동 등이 여기에 해당된다고 볼 수 있다.

좋아하는 일 · 가치 있는 일 찾는 방법

좋아하고 가치 있는 일을 하려면 자신이 좋아하는 것과 가치 있는 것이 무엇인지를 알아내는 것이 중요하다. 나머지 인생 전체를 바쳐서라도 하고 싶은 단 하나의 프로젝트를 발견해 내는 것이 우선적

과제인 것이다. 좋아하는 가치 있는 일을 찾는 몇 가지의 처방에 대해 알아보자.

첫째, 우선 자신에게 관심을 가지라는 것이다. 진정한 고뇌에 빠져 보라. 내가 좋아하는 것, 가치 있게 생각하는 것이 무엇인지 성찰해 본다. 둘째, 싫어하는 일, 가치 없는 일을 제거해 내는 일이다. 싫어하는 일은 좋아하는 일보다 분명하고 찾기 쉽다. 가치 없는 것도 마찬가지이다. 조심해야 할 점은 사회적으로 선호되는 일과 직업이라도, 스스로가 싫어하거나 개인적 의미를 찾을 수 없는 것이라면 단호하게 싫어하는 리스트에 올릴 수 있어야 한다.

셋째, 과거에 알게 된 시행착오를 통해 자신이 좋아했던 것 또는 가치 있게 생각했던 것이 무엇인지 알아내는 것이다. 그 다음 현재 일과 연관하여 연결이 되는 것에 집중하여 길을 찾아야 한다. 어린 시절 가장 기억에 남는 것은 어떤 것인가? 아마 공부 잘 했던 기억, 부모님이 사랑해 주셨던 기억, 선물을 받았던 기억 등등 보다 가장 기억에 많이 남는 것은 놀았던 기억일 것이다.

친구들과 또는 부모님과 신나게 놀았던 기억이 지금 생생히 떠 올릴 수 있을 것이다. 어린 시절이 아니더라도 지난 시절 가장 기억에 남는 것은 무엇인가? 열심히 놀았던 기억일 것이다.

노는 것(play) 즉 즐기는 것(樂)이 기억에 많이 남는다. 이렇게 즐기는 것도 중요하지만 즐기는 것 보다 더 중요한 삶이 인생을 살아가면서 가치와 보람을 찾는 것이다. 가치와 보람을 찾으면 힘들고 괴로워도 이겨내는 힘이 있다.

그렇다면 우리가 어떻게 삶을 살아야 하는가? 아는 것 보다, 삶에 대한 좋아함 보다, 삶을 즐기면서 사는 것을 넘어서, 가치 있는 삶, 보람 있는 삶을 찾는 것이 후회 없는 삶을 살아가는 데 도움이 될 것이다. 그 즐길 수 있는 것을 긍정적인 가치관과 삶의 가치를 높이는 것에서 찾아야 한다. 그렇지 않으면 도박, 알코올, 섹스, 마약 등에서 즐길 것을 찾게 된다.

‖ 당신은 일을 왜 하는가? ‖

당신은 일을 왜 하는가? 질문에 대하여 한국경제 신문(2008년 6월 5일)에 의하면 대부분 한국 사람들은 먹고 살기 위해서 일한다고 대답했다. 일본 사람들은 인간관계를 형성하기 위해서, 유럽 사람들은 삶의 보람을 찾기 위해서, 미국 사람들은 자아실현을 하기 위해서 일한다고 대답했다.

일에 대한 흥미가 미국은 81.7%, 프랑스는 78.4%, 일본은 71.1%, 한국은 65.8%로 나타났다. 그리고 일에 대한 만족도의 경우 미국은 77%, 프랑스는 69.5%, 일본은 68.6%, 한국은 66.6%로 나타났다.

이와 같이 일에 대한 생각 자체가 나라마다 차이가 있다. TV 프로그램 중 생활의 달인이란 프로그램이 있다. 생활의 달인에 나오는 사람들 대부분이 일을 어떻게 하는가? 유심히 본 사람들은 알 것이다. 달인들은 모두 일을 아는 것에서 좋아하는 것으로 좋아하는 것에서 만족하는 것이 아니라 일을 즐기면서 한다. 그리고 그 일에서 가치를 찾는다.

좋아하는 일을 했을 때 효과

내가 좋아하는 일을 찾아서 일을 하면 그 즐거움으로 인하여 효율성은 비약적으로 높아진다. 직업을 선택할 때 내가 뭘 하고 싶은지? 뭘 좋아하는지를 먼저 찾는 것이 가장 중요하다. 미국 동부에 있는 명문 사립대학인 아이비리그 대학 즉, 브라운(Brown), 컬럼비아(Columbia), 코넬(Cornell), 다트머스(Dartmouth), 하버드(Harvard), 펜실베니아(Pennsylvania), 프린스턴(Princeton), 예일(Yale) 대학을 졸업한 학생들의 직업적 선택 동기와 부의 축적과의 상관관계를 조사한 바에 의하면 다음과 같다.

아이비리그를 졸업한 학생들 1,500명을 대상으로 조사한 사례를 보면 돈을 많이 벌기 위해 직업을 선택한 학생들 1,245명(83%)과 자신이 좋아하는 직업을 선택한 학생 255명(17%)을 대상으로 20년 후에 돈을 누가 더 많이 벌었는가?에 대한 결과가 흥미롭다.

돈을 많이 벌기 위해 직업을 선택한 학생들 중 백만장자가 된 사람은 단 1명에 불과했다. 자신이 좋아하는 일을 선택한 학생들 중 백만장자가 된 사람은 100명이나 되었다는 놀라운 사실이 있다. 백만장자가 된 경우에는 돈 버는 데 관심을 두는 것 보다 자기가 그 일을 좋아서 그 일에 만족해서 열심히 살다가 보니까 돈을 많이 벌었다는 것이다.

내가 하는 일이 즐겁지 않거나 가치가 없고 보람이 없다면 어떻게 해야 하는가? 그 일을 포기해야 한다. 그렇지 않으면 생각을 바꾸어야 한다. 생각을 바꾸어서 일에 대한 즐거움을 찾아야 하고 그 일에서 보람을 얻어야 한다.

왜냐하면 우리는 일을 통해서 성장하고, 일을 통해서 삶을 살아가기 때문이다. 우리 삶 대부분은 일 하면서 지낸다. 하루 24시간 중 대부분 시간을 일하면서 보낸다. 현재 하고 있는 일이 즐겁지 않거나 보람이 없다면 그 삶 자체가 얼마나 고통스럽겠는가? 그 일은 하기 싫고 하기 싫은 일을 억지로 하게 되므로 성과도 낼 수 없다.

내가 하고 있는 일을 우선 철저히 잘 알고(知) 잘 파악해서, 그 일을 좋아해야 되며(好) 궁극적으로는 그 일을 즐길 줄 아는 사람(樂) 더 나아가서 가치 있는 삶(價)이 되도록 노력해야 한다. 그렇게 할 때 노는 것 같은데 성과를 낼 수 있다.

09

일개미 형 · 산 개미 형

산개미형 인간

개미는 열심히 일하는 모습의 대명사로 통용되어 왔다. 산에서 개미들을 가만히 살펴보면 개미는 항상 움직이고 있다. 이런 개미는 항상 열심히 일하고 있는 것으로 착각한다. 그런데 산에 있는 개미는 일명 「산 개미」다. 할 일 없이 빈둥빈둥 대고 있는 개미라고 볼 수도 있다.

남들이 일을 하니까 할 일도 없으면서 슬슬 산에 올라와 열심히 일하는 척 하는 개미를 산개미라고 보면 된다. 진짜로 일하는 일개미는 남이 보든 보지 않든지 일을 한다. 조직에서도 마찬가지다. 산 개미들이 많다. 산 개미들은 쓸모없는 사람들이다. 사무실에 앉아서 무언가 아이디어를 짜내기 위해서 고심하면서 앉아 있으면 산업사회 관리자들은 지나가면서 일 안하고 뭘 하나?라고 하면서 핀잔을 준다. 손발을 열심히 움직이고 있으면 수고하는 줄 알고 칭찬을 하는 경우가 많다.

무언가 열심히 하고 있다는 것을 보여 주기 위해서는 하루 종일 또는 야근까지 하면서 열심히 왔다갔다 뛰어다니지 않을 수 없다. 이렇게 되면 하는 일 없이 바쁜 일과가 될 수밖에 없다.

조직에서 성실히 일하는 직원과 농땡이 치는 직원에 대한 인식전환이 필요하다. 다른 직원들은 열심히 일하는데 유독 남들 눈에 농땡이 치는 것처럼 보이는 직원에 대해 생각해 보자. 야근하는 직원과 제 시간에 퇴근하는 직원에 대해서도 새롭게 생각해 보자.

야근하는 직원이 모범직원?

농땡이 치고 제 시간에 퇴근하는 직원은 업무능력이 뛰어나거나 각종 첨단 정보 기술 활용능력이 뛰어나 여유 시간을 창조해서 그런 것은 아닌지 유심히 살펴볼 필요가 있다. 그럼에도 불구하고 조직 내 상사들은 책상에 붙어서 성실히 일하는 것처럼 보이는 사람을 유독 열심히 일하는 것으로 생각하기 십상이다. 이런 착각 상태에서 벗어나는 패러다임 전환이 필요하다.

회사에서 야근하는 직원은 과연 모범 직원인지 한번 따져 보자. 야근을 하게 되는 이유가 첨단 정보기술을 활용하지 못해서 또는 업무처리가 미숙해서 등으로 인해서 야근할 경우도 있을 것이다. 그러면 회사에서는 야근수당, 사무실 전기료, 냉난방비 등 추가비용이 발생한다. 어느 직원이 우수한가? 당신은 일개미형인가? 산개미형인가?

10

남들과 다르게 최초에 도전하라

산업사회 인재와 지식정보사회 인재

오늘날 창의력이란 그 어떤 능력보다도 더 중요한 요소로 부각되고 있다. 21세기는 과거와 다른 시대다. 농업경제가 주류를 이루는 것으로 인간이 생존 욕구를 충족시키는데 급급한 시대가 있었다. 농경사회 경우는 농사를 잘 짓는 사람이 개인적으로 성공하고 사회에도 기여했다.

농부의 조건은 근면, 성실성과 인내심을 지닌 사람이 우수한 인재였다. 17세기 중반 산업혁명으로 토지 한계를 극복하고 물질적 욕구를 충족시키는 데 많은 시간을 소비한 시대에 나타난 인재형은 기능적 기술자를 양산하였다. 전문화, 표준화, 단순화를 통해서 기계를 잘 조작하고 기계 문명으로 농부보다는 높은 성과를 올릴 수 있었다.

후기 산업사회로 들어오면서 학력과 경험을 바탕으로 최고의 기술은 관리기술이 되었다. 일정한 학력과 경력만 있으면 어느 정도 대우받던 시대가 바로 이 시기였다.

오늘 우리가 살고 있는 시대는 지식 정보 시대이다. 다양한 정보수집과 수집한 정보를 분석하고 미래에 대한 예측과 앞서가는 아이디어를 창출해 내는 능력 창의성이 학력과 경력, 자격증 보다 더 중요하다. 창의적 능력은 누구나 갖고 태어난다. 그러나 어떤 사람은 창의적인 발상을 많이 하는 사람이 있지만 그렇지 못한 사람도 있다.

메피스토 법칙

상상할 수 있는 능력이 바로 인류 진보의 주요 원천이다. 어떻게 하면 하늘을 날 수 있는가?를 상상한 결과 비행기가 만들어졌으며, 어떻게 하면 멀리 떨어져 있는 사람과 대화할 수 있는가?를 상상한 결과 전화기가 만들어졌으며, 어떻게 하면 보다 더 빨리 갈 수 있을까?를 상상한 결과 자동차가 만들어졌다.

문명의 이기들은 인간의 상상력이 낳은 산물이다. 누가 더 많은 상상을 하느냐에 따라서 창의적인 능력이 결정된다고 해도 과언이 아니다. 메피스토 법칙이 있다. 괴테의 파우스트에 나오는 악마 메피스토펠레스가 있다. 이는 항상 악을 원하면서도 언제나 선을 만들어내는 힘의 일부라고 자신을 소개한데서 나온 말이다.

불순한 의도에서 시작된 일이 더 좋은 결과를 만들어낸 사례는 매우 많다. 책을 베껴 쓰는 것이 너무 귀찮아 잔머리 쓰다 인쇄술을 발명한 구텐베르크, 걷는 것이 싫어서 자동차를 만들게 된 카를 벤츠 등이 좋은 예다. 게으르고 이기적인 사람이 창의적이고 생산적인 사회를 이끌 수도 있다. 그러나 게으르고 이기적인 사람들도 자신이 원하는 것에 대하여는 늘 고민하고 새로운 방법들을 고안하고자 노력한 결과 새로운 것을 발견하게 된다.

남들과 다르게 최초에 도전하는 방법

남들과 다르게 최초에 도전하기 위해서 어떻게 해야 할까? 첫째, 항상 why?라는 질문을 하라. 왜?라는 의문을 가질 때 해답은 나오게

되어 있다. 둘째, 다른 사람과 차별화된 생각을 하라. 책을 읽을 때 앞에서부터 읽는데 뒷부분부터 읽는 사람도 있다. 이것이 차별화된 생각이다.

셋째, 창의적인 다른 사람들이 쓴 기법을 활용하라. 예를 들면, SCAMPER가 있다. S(Substitute) 대치하기이다. 대치될 수 있는 것은? 현재 그대로 상태에서 다른 것을 찾아보는 것이다. 일부 보완하면 다른 용도로 쓸 수 있는가? C(Combine) 결합하기이다. 결합될 수 있는 것은? 이걸 우리 업무에 모방할 수 없을까? 고구려 시대의 복장에서 베낄 것은 없는가?

A(Adapt) 동화시키기이다. 다른 것 중에서 비슷한 것은? 다른 물건과 비교해 보면? M(Modify) 수정하기이다. 새로운 진전은? 모양이나 형태를 바꾸어 보면 어떨까? 색을 입혀보면 어떨까? 움직임을 준다면 어떨까? P(Put to other uses) 다르게 활용하기이다. 새로운 용도는? 다른 용도는 어떤가? 다른 원료, 제품, 부품 방법은 없는가?

E(Eliminate) 제거하기이다. 축소하기? 무엇을 제거할까? 시간, 공간 정도를 축소하면 어떨까? 더해보면 어떨까? 등을 대입해 본다. R(Reverse) 교체하기: 부품을 교체하면? 역할, 위치를 바꾸면?과 같이 해 보면 된다.

넷째, 육감을 활용하라. ① 시각을 활용하라. 관찰력을 키워라. 보는 것을 다른 사람과 차별화 되게 보라. 세심한 관찰력으로 남들이 보지 못하는 것을 보는 연습을 해 보라. 모든 것들이 보는 것에서 출발한다. 보는 것을 잘 활용하는 방법을 생각해 보라. 디자인이 시각을 활용한 아이디어에서 오는 것들이다. 창의적 아이디어를 낼 때 시각적으로 어떻게 남들과 차별화 시킬 것인가?에 대한 생각을 항상 먼저 해 보라.

② 청각을 활용하라. 들려오는 소리에서 아이디어를 얻으라. 소리를 시각화, 소리를 촉각화, 소리를 후각화, 소리를 갖고 어떻게 새로운 아이디어를 낼 것인가를 생각해 보라. 다른 사람이 지나가면서 하는 이야기를 듣고 그냥 흘려 보낼 것이 아니라 그 내용을 어떻게 아이디어로 연결시킬 것인가를 생각해 보라.

③ 촉각을 활용하라. 만지는 것에서 어떤 아이디어를 낼 것인가? 촉각은 손만 있는 것이 아니다. 발도 있고, 몸도 있고, 입술도 있고, 눈도 있고 촉각을 활용할 수 있는 것들이 많이 있다.

④ 미각에서 어떤 아이디어를 얻을 것인가? 입으로만 미각을 맛볼 것인가? 눈으로도 미각을 맛 볼 수 있다. 코로로 미각을 맛볼 수 있다는 생각을 갖고 미각에 대하여 아이디어를 생각해 보는 것이다.

⑤ 후각에서 어떤 아이디어를 얻을 것인가? 육감에서 어떤 아이디어를 얻을 것인가? 꿈꾼 내용을 현실적으로 어떻게 연결시켜 볼 것인가?

5천만 인구 모두가 창의적이라면 5천만 인재가 있지만 5천만 모두가 같은 생각을 하면 1명의 인재가 있는 것과 같다. 창의적인 1%의 인재가 99% 나머지 사람들을 먹여 살린다고 해도 과언은 아니다.

창의적으로 문제를 해결하기 위해서는 먼저 문제의식을 가져야 한다. 매사에 문제의식을 갖고 있을 때 창의적 발상이 나온다. 시키는 일만 그대로 하면 창의적 문제해결은 나오지 않는다. 문제의식이란 문제가 있는지 없는지에 대해 의식적으로 생각해보는 방식이다. 문제의식을 가질 때 창의적인 발상이 나오게 된다. 문제의식을 가지려면 주인의식을 갖고 있어야 문제의식이 나온다. 내가 주인이라고 생각할 때 문제의식은 쉽게 나올 수 있다.

‖ 꿀벌과 파리이야기 ‖

곤충연구가 고든이 꿀벌과 파리를 대상으로 실험을 하였다. 밑면을 제외한 차광 유리병 속에 꿀벌과 파리를 넣고 병 밑면을 빛이 있는 창문 쪽으로 놓았다. 물론 사방은 캄캄하다. 꿀벌과 파리 중 누가 먼저 밖으로 나왔을까? 꿀벌보다 파리가 먼저 병에서 나왔다. 곤충은 보통 빛을 향해 날아다니는 속성이 있다. 꿀벌도 빛이 있는 창문 쪽을 향해서 날아 다녔지만 병 속에서 나올 수 없었다.

꿀벌은 어둠 속에서 출구를 찾으려면 빛이 있는 밝은 쪽으로 가야 한다는 논리적 사고로 계속 병 밑면만 향해 날아다니다 결국 지쳐 굶어 죽을 때까지 출구를 찾지 못한다. 파리는 어느 정도 시행착오를 거치고 난 뒤 반대쪽 병 입구를 통해 빠져 나온다. 출구를 찾아내지 못한 꿀벌에게는 그들을 둘러싸고 있는 유리병이 지금까지 경험해 보지 못한 새로운 환경 장애물로 인식되었던 것이다.

결론적으로 파리보다 경험과 지식이 많았던 꿀벌은 새로운 환경에 대한 대응을 과거 방식으로 고집하다가 결국 죽음에 이르게 됐지만, 파리는 자신이 알고 있는 상식을 고집하지 않았기 때문에 새로운 환경을 극복할 수 있었던 것이다.

남들과 다르게 최초에 이렇게 도전해 보면 어떨까? 맨 발로 10명이 명동시내를 줄지어 돌아다닌다. 윗옷은 흰 티, 바지는 청바지, 신발은 신고 있지 않는다. 이렇게 매일 3시가 되면, 남자 10명, 여자 10명이 명동과 강남 일대를 걸어 다닌다. 아무 말도 하지 않고 그냥 다니기만 한다. 제일 먼저 누가 달려올까? 경찰? 아니다. 기자다. 연예 또는 잡지사 기자들이 올 것이다. 와서 인터뷰 하자고 할 것이다. 그렇게 되면 아마 다음으로 오는 것이 신발 광고회사 직원일 것이다. 이런 것들이 남들과 다르게 최초에 도전하는 것이다.

또 다른 예이다. 시골 어느 마을을 부자 마을로 만들려면 이렇게 하면 된다. 마을 입구부터 장미꽃만 심는다. 마을 전체를 장미꽃만 심는다. 몇 년이 지나면 어떻게 될까? 장미 마을이 된다. 그곳은 관광지가 될 것이고 연인들의 데이트 장소가 될 것이다.

또 다른 예이다. 남자들 10명이 치마를 입고 매일 2시가 되면 명동이나 강남 일대를 돌아다닌다. 하루는 긴 치마 하루는 짧은 치마를 입고 매일 그 시간이 되면 줄지어 다닌다. 제일먼저 누가 온다고? 기자다. 다음은 광고주다. 단번에 스타가 될 것이다.

또 다른 예이다. 매년 남산에 올라가서 2시 정각에 서울시내 사진을 촬영한다.

20년을 똑같은 장소 똑같은 시간에 또는 자녀 대까지 50년을 똑같은 시간 똑같은 장소에서 사진을 찍어 두면 그 자료의 가치는 어떻게 될까?

이런 것들이 남들과 다르게 최초에 도전해 보는 것들이다. 힌트를 얻었으면 이제는 실행이다. 누가 먼저 실행하느냐에 따라서 돈이 되느냐 아이디어로 남느냐이다.

11

인생에서 중요한 3가지 선택

인생은 태어나서(Birth) 죽을 때(Death)까지 선택(Choice)의 연속

우리는 살아가면서 무엇이든 선택 하면서 산다. 출근할 때도 차를 갖고 갈 것인가? 대중교통을 이용할 것인가? 점심을 먹을 때도 자장면을 먹을 것인가? 된장찌개를 먹을 것인가? 퇴근 후에도 TV를 볼 것인가? 운동을 할 것인가? 등 매 순간 선택을 하면서 살아간다. 그렇다면 인생에 있어서 가장 중요한 선택은 무엇일까? 아마 여러 가지 있을 것이다. 그 중 가장 중요한 선택 중 3가지만 말해 보라고 한다면 당신은 어떤 선택을 말할 것인가?

삶에서 가장 중요한 3가지 선택

첫째, 배우자 선택이다. 배우자 선택을 잘해야 한다. 배우자도 선택이다. 많은 사람들 중 한 사람을 선택하는데 그 선택한 한 사람 때문에 행복할 수도 있고 불행할 수도 있다. 어떤 사람은 배우자를 잘 선택하여 인생을 평안하게 살아간다. 또 어떤 사람은 배우자를 잘못 선택하여 인생을 어렵게 살아가는 경우도 있다.

어쩌면 이 배우자 선택이 인생에서 절반의 선택일 수도 있다. 나는 현재 배우자를 잘 선택했다고 생각하는가? 스스로 생각해 보기 바란다. 요즘은 배우자도 자주 바꾸어 배우자 선택이 별로 중요하지 않을 수 있다고 생각하기도 하지만 어쨌든 한번 선택하면 바꾸기도 쉽지 않고 바꿔도 상처가 많이 남는다.

배우자를 선택할 때 부모도 좋고 나도 좋으면 1등, 나는 좋은데 부모가 싫어하면 2등, 부모는 좋아하는데 나는 싫어하면 3등, 나도 싫고 부모도 싫으면 4등이다.

한국의 이혼율은 미국보다 낮지만 유럽연합과 일본보다는 앞선다.

하루 평균 400여 쌍이 헤어진다. 헤어지는 가정마다 이유가 있겠지만 안타까운 일이 아닐 수 없다. 그래서 배우자 선택에 심혈을 기울여야 한다. 배우자 선택을 잘 못하게 되면 나중에 고생한다. 요즘 재미있는 유머가 있다.

60대 할아버지에서 90대 할아버지들이 동네 노인정에서 서로 얼굴에 피멍이 들었다. 60대 할아버지에게 물어보니 왜 얼굴이 그렇게 되었느냐? 마누라에게 밥 달라고 해서 얻어 터졌다는 것이다. 70대 할아버지는 왜 그렇게 되었느냐고 하니까? 어디 가느냐?고 물어보았다고 맞았다는 것이다. 80대 할아버지는 왜 맞았느냐고 하니까? 쳐다본다고 맞았다는 것이다. 90대 할아버지는 왜 맞았냐고 물어보니까? 눈 떴다고 맞았다는 것이다. 유머다.

둘째, 직업에 대한 선택이다. 직업의 경우도 한번 선택하면 바꾸기 쉽지 않다. 처음 선택한 직업이 평생 직업이 될 수 있다. 돈을 벌어야 하기에 아무 일이나 해야 한다고 생각하여 선택한 직업이 평생 직업이 될 수 있기 때문이다. 자신이 선택한 직업으로 행복해야 한다. 그렇지 못할 경우 평생 후회하는 삶을 살 수 있다.

직업에 관한 유머도 있다. 남자들의 배우자 선호 직업 1순위는 예쁜

초등학교 여교사이다. 2순위는 그냥 여자 교사, 3순위는 못생긴 여자 교사, 4순위는 이혼한 여자교사. 유머다.

셋째, 가치관에 대한 선택이다. 가치관이란 어디에 시간을 많이 투자하고 어디에 돈을 많이 쓰고 어디에 신경을 많이 쓰고 살아가느냐 하는 것을 보면 그 사람의 가치관을 알 수 있다. 가치관은 생각으로 연결되며 곧 그 생각이 말로 나타나고 행동으로 옮겨진다.

어떤 가치관을 갖고 살아갈 것인가는 첫 번째 선택과 두 번째 선택을 하는데 지대한 영향을 미친다. 모든 일들이 자신이 갖고 있는 가치관에 따라 결정된다. 돈에 대한 가치관, 성공에 대한 가치관, 결혼에 대한 가치관, 일에 대한 가치관 등 모든 것들이 이 가치관에 의해 결정된다. 그러므로 가치관 정립이 대단히 중요하다. 여러 가지 가치관 중 한 가지 가치관을 선택하는 것이다.

가치관을 가질 때 이런 것을 생각해 보라. 세상에 살아가면서 꼭 가야 할 길이 있고, 가지 말아야 할 길이 있다. 가고 싶은 길이 있고, 가고 싶지 않은 길이 있다. 가고 싶지만 가지 말아야 할 길이 있고 가기 싫어도 가야 할 길이 있다. 그 길을 선택하는 것이 가치관이라면 가야 할 길을 올바르게 선택해야 한다. 교차로에서 어느 길로 가느냐에 따라 인생방향이 달라진다.

똑같은 상황에서도 내가 어떻게 생각하느냐 이것도 나의 가치관에 따라 선택되는 것이다. 예를 들면 같은 상황에서도 긍정적 가치관을 선택하느냐 부정적 가치관을 선택하느냐에 따라 말이나 행동이 달라진다. 가치관을 선택할 때 가장 중요한 가치관 중 하나가 긍정의 가치관을 선택하라는 것이다. 긍정의 힘을 믿고 긍정적인 가치관을 갖고 살아갈 때 긍정적인 인생이 펼쳐질 것이다.

12

인생 나침반 역할을 하는 좌우명을 만들어라

좌우명

좌우명이란 늘 자리 옆에 두고 가르침으로 삼는 말이나 문구를 말한다. 살아가면서 나의 생각과 말과 행동을 통제할 수 있고 내 인생의 나침반 역할을 해 주는 것이 좌우명이다. 이런 좌우명을 한 가지 만들어 둔다면 괜찮은 나를 만드는 데 도움이 될 것이다.

‖ 나의 좌우명 ‖

Soon it shall also come to pass(이 또한 지나가리니!)

본래 이 말은 유대경전 주석서인 미드라쉬(Midrash)의 '다윗반지'에서 나왔다. "날 위해 아름다운 반지를 하나 만들되 거기에 내가 전쟁에서 큰 승리를 거두어 환호할 때 교만하지 않게 하고, 내가 큰 절망에 빠져 낙심할 때 결코 좌절하지 않고 스스로에게 용기와 희망을 줄 수 있는 글귀를 새겨 넣어라."

이에 세공사는 아름다운 반지를 만들었지만 정작 거기에 새길 문구가 떠오르지 않아 고민 끝에 지혜롭기로 소문난 솔로몬을 찾아가 도움을 청했다. 이때 솔로몬이 일러준 문구이다. 실패에 좌절하지 않고, 승리에 오만해지지 않기 위해 다윗 왕이 자신의 반지에 새겨 넣고 몸에 지녔다. 결국 권력도 명예도 부도 사랑도 다 지나가고, 실패와 치욕과 가난과 증오도 모두 다 지나간다는 것이다.

‖ 좌우명 예 ‖

경주 최부잣집 백산상회, 최준 창업주: 사방 백 리 안에 굶어 죽는 사람이 없게 하라.

교보생명, 신용호 창업주: 맨손가락으로 생나무를 뚫는다.

대림그룹, 이재준 창업주: 풍년 곡식은 모라자도 흉년 곡식은 남는다.

대교그룹, 강영중 창업주: 가르치고 배우면서 서로 성장한다.

롯데그룹, 신격호 창업주: 겉치레를 삼가고 실질을 추구한다.

삼성그룹, 이병철 창업주: 수신제가치국평천하.

안철수연구소, 안철수 창업주: 남보다 시간을 더 투자할 각오를 한다.

유한양행, 유일한 창업주: 기업은 사회를 위해 존재한다.

쌍용그룹, 김성곤 창업주: 인화(人和)가 제일 중요하다.

한진그룹, 조중훈 창업주: 모르는 사업에는 손대지 말라.

현대그룹, 정주영 창업주 : 시련은 있어도 실패는 없다.

한화그룹, 김종희 창업주: 스스로 쉬지 않고 노력한다.

LG그룹, 구인회 창업주: 한 번 사람을 믿으면 모두 맡겨라.

동양그룹, 현재현 회장: 병사가 교만하면 싸움에서 반드시 진다.

동원그룹, 김재철 회장: 모은 일에 정성을 다하자.

두산그룹, 박용오 회장: 부지런한 사람이 성공한다.

벽산, 김재우 대표: 계획은 멀리 보되 실천은 한 걸음부터.

삼성그룹, 이건희 회장: 경청.

아시아나항공, 박찬범 대표: 효도는 모든 행동의 근본이다.

웅진그룹, 윤석금 회장: 나를 아는 모든 사람들을 사랑 한다.

재능교육, 박성훈 회장: 교육을 통해 보다 나은 삶을 살자.

태평양, 서경배 대표: 정성을 다하여 노력 한다.

하나투어, 박상환 대표: 변화를 두려워하는 자는 발전이 없다.

한솔그룹, 조동길 회장: 겸손하게 살자.

한라공조, 신영주 대표: 뜻이 있는 곳에 길이 있다.

현대그룹, 현정은 회장: 매순간 최선을 다해 열심히 살자.

현대자동차그룹, 정몽구 회장: 부지런하면 세상에 어려울 것이 없다.

현대모비스, 박정인 회장: 인내.

한화그룹, 김승연 회장: 살아있는 물고기는 물을 거슬러 헤엄친다.

KT, 이용경 대표: 노력한 만큼 거둔다.

LG그룹, 구본무 회장: 약속은 꼭 지킨다.

LG화학, 노기호 대표: 선(善)을 따르는 것이 물의 흐름과 같다.

SK, 최태원 회장: 실천이 중요하다.

13

자신에게 리더가 되라

리더십 정의에 훌륭한 리더의 자질이 있다.

어떤 리더가 훌륭한 리더인가? 리더란 어떤 자질과 역량을 갖고 있어야 하는가? 답은 천태만상이다. 주장하는 사람들에 따라 다양하다. 리더십 학자도 다양하게 반응한다. 시대와 환경에 따라서 강조점이 다르다. 여기서는 리더십 정의에서 답을 찾는다. 리더십이란? 조직구성원들의 성과향상을 위하여 자발적으로 일에 몰입하도록 자발적으로 나를 따라 오도록 영향력을 행사하는 것이다.

리더십 강의 시 기러기 이야기를 인용하는 경우가 많다. 기러기는 암 수의 사이가 좋다. 또한 무리를 지어 살지만 짝을 이루면 한쪽이 죽어도 죽을 때까지 다른 배우자를 선택하지 않는다. 기러기들은 추운 겨울을 따뜻한 남쪽에서 보내기 위해 이동을 한다. 이동하는 기러기 떼는 "ㅅ"형으로 줄을 지어서 난다. 그 이유는 새들이 날기 위해 날개를 퍼덕이면 뒤에 있는 새에게 양력이 작용하게 된다. 이렇게 날면 기러기 떼가 혼자 날아가는 것보다 71%를 더 멀리 날 수 있게 된다. 비행 과정에서 서로에게 힘을 주기 위해 기룩기룩 소리를 내기도 한다. 맨 앞에 있는 기러기가 힘들면 뒤로 오고 다시 뒤에 있는 기러기가 앞으로 이동한다. 성과를 내기 위해 즉, 멀리 날아가기 위해 서로 도우면서 협력한다는 이야기다.

훌륭한 리더는 ① 성과를 향상해야 한다. 즉, 목표를 달성해야 한다. 성과를 달성하지 못하면 훌륭한 리더가 아니다. 그래서 훌륭한 리더는 성과를 향상시키기 위해 비전을 설정하고 목표를 정하고 전략을 수립하고 실행계획을 만든다. ② 강제적으로 일에 몰입하고 강제적으로 나를 따라 오게 하는 것이 아니라 자발적 자율적으로 일에 몰입하거나 자발적 자율적으로 나를 따라 오게 하여야 한다.

훌륭한 리더는 권력(power)을 행사하는 것이 아니라 권위(authority)를 행사하는 것이다. 권위에는 직위 또는 자리가 주는 권위인 Position Authority가 아닌 개인적, 인간적인 권위인 Personal Authority를 행사해야 한다. 진정한 리더십은 인간적인 권위에서 나온다. ③ 영향력을 행사하는 것이다. 얼마나 많은 사람들에게 영향력을 행사하느냐에 따라 리더십의 모습이 나온다.

어떤 리더는 5명에게 어떤 리더는 500명에게 어떤 리더는 5,000만 명에게 어떤 리더는 5억 명에게 영향력을 행사한다. 영향력을 행사하는 방법도 다양하다. 로마 교황청 교황은 도덕성이나 영적인 것으로 영향력을 행사한다. 엘빈 토플러 박사는 미래 지식을 갖고 영향력을 행사하며, 대통령들은 대통력 직을 갖고 영향력을 행사한다. 따라서 리더십은 한 마디로 표현하면 영향력 행사라고도 할 수 있다. 어떤 방법으로 어떻게 영향력을 행사할 것인가?를 생각해 보면 바람직한 리더의 모습이 나올 수 있다.

일하기 좋은 100대 기업

미국의 경제전문지 포춘(FORTUNE)에서 일하기 좋은 100대 기업을 선정하면서 가장 일하기 좋은 회사는 어떤 회사인가?를 발표하였다. 일하기 좋은 회사(Great Work Place)는 ① 신뢰(thrust)가 있어야 하고, ② 자부심(pride)이 있어야 하며, ③ 재미(fun)있어야 한다는 것이다. 신뢰는 경영자와 조직구성원간의 신뢰, 조직구성원 상호간 신뢰가 있어야 한다. 만약 조직구성원에 대한 신뢰가 없다면 어떻게 되겠는가? 일을 마음 놓고 맡길 수 있겠는가? 항상 경계하면서 항상 의심하면서 일을 어떻게 하겠는가? 이 신뢰는 하루아침에 형성되는 것이 아니다.

서로 노력하여 신뢰를 쌓아가야 한다. 경영자는 조직구성원에게 조직 구성원은 경영자에게, 팀장은 팀원들에게 팀원들은 팀장에게 팀원은 다른 팀원들에게 신뢰를 형성해 나가야 한다.

이솝우화의 양치기 소년이야기가 있다. 양치기 소년이 양을 치다가 늑대가 나타나지도 않았는데 늑대가 나타났다고 외친다. 마을 사람들이 모여 들었다. 늑대가 없었다. 소년은 금방 있었는데 어디로 갔다고 한다. 두세 번 그렇게 했다. 그런데 진짜 늑대가 나타났을 때 늑대가 나타났다고 해도 이젠 마을 주민들이 아무도 오지 않았다. 여러분들이라면 두세 번 속은 후 또 늑대가 나타났다고 하면 바로 달려가겠는가? 가는 사람은 왜 간다고 생각하는가? 가지 않는다고 하는 사람은 왜 가지 않는다고 생각하는가?

양치기 소년이 조직의 리더라고 가정해 보자. 이 리더를 믿을 수 있겠는가? 믿을 수 없다. 리더는 양치기 소년 같아서는 안 된다. 왜냐하면 믿을 수 없기 때문이다. 진짜 그런가? 뒤집어서 생각해 볼 수 있다. 양치기 소년이 진짜 늑대가 나타났을 때를 대비해서 마을 주민들을 기동훈련 시켰다고 생각해 보자. 뻥이 아니라 위기의식을 고취시켰다고 생각해 보자. 얘기는 달라진다. 이 리더는 상당히 믿을 수 있다. 양들을 언제든지 보호해 줄 수 있다는 확신을 주기 때문이다. 여기서 말하고자 하는 것은 신뢰를 쌓는 방법도 중요하다는 것이다.

리더의 역할

리더의 역할은 첫째, 신뢰를 구축하는 것이다. 훌륭한 리더는 구성원들에게 신뢰를 주어야 한다. 신뢰를 주지 못하는 리더는 영향력을 행사할 수 없다. 나를 따르라. 나를 믿어라라고 한다고 구성원들이 따르고 믿는 것은 아니다. 내가 구성원들에게 믿게 만들어주고 나를 따르게 만들어야 한다. 이것의 첫 걸음이 바로 신뢰형성이다.

둘째, 구성원들에게 자부심을 갖게 하는 것이다. 자부심은 대기업에 다닌다고 모두 다 자부심을 갖고 중소기업에 다닌다고 자부심을 갖지 못하는 것은 아니다. 내가 다니는 회사를 얼마나 사랑하고 소중하게 생각하느냐에 따라서 자부심이 생기기도 하고 그렇지 않기도 한다. 훌륭한 리더는 모든 구성원들이 회사에 대한 자부심을 갖게 만들어 주는 것이다. 그렇게 하기 위해 리더는 비전을 세우고 구성원들에게 동기부여 방법을 모색하는 등의 일을 하는 것이다.

셋째, 재미있게 해 주어야 한다. 일할 때 재미있게 일할 수 있도록 만들어 주어야 한다. 어떤 일을 하던지 재미있거나 즐기면서 할 경우 신나고 시간도 빨리 지나가고 집중도 훨씬 더 많이 한다. 리더는 일을 할 때 이렇게 신나고 즐겁고 재미있게 일할 수 있는 환경을 만들어 주고 구성원들이 그렇게 일할 수 있도록 동기를 유발시켜 주는 리더가 훌륭한 리더이다. 언젠가 할 일이면 지금하고, 누군가 할 일이면 내가 하고, 어차피 할 일이면 즐겁게 하자.

가정에서 리더

리더라고 하면 너무 거창하게 생각하는데 범위를 좁혀서 생각해 보자. 가정에서 엄마 아빠는 자식들의 리더다. 위 내용과 연결지어 생각해 보자. 나는 훌륭한 리더인가? ① 나는 가정의 성과를 창출하고 있는가? 가정의 비전을 제시하고 있는가? 경제적성과를 내고 있는지? 아이들의 영적 측면, 정신적 측면, 육체적 측면으로 아이들을 건강하게 잘 키우고 있는가? 배우자로서 역할은 잘 하고 있는지? 자식으로서 역할을 잘 하고 있는지? 이런 부분들이 성과에 해당하는 것들이다.

② 자발적으로 나를 따라 오게 하는지? 자발적으로 모든 일을 하게 만드는지? 공부를 하던 직장을 다니던 운동을 하던 부모가 말하는 내용을 자식들이나 배우자가 자발적으로 잘 따라 오는지 살펴볼 필요가 있다. 부모라는 자리가 주는 권위, 나이라는 이유 이런 부분들을 빼고 순전히 한 인간으로서 말을 할 때 잘 따라오는지? 생각해 볼 필요가 있다.

③ 영향력 행사는 잘 되는지? 내가 하는 말 한마디를 잘 듣는지, 내가 말을 할 때 실제로 행동으로 옮기는지? 등을 보면 가정에서 나의 리더십 모양이 나올 것이다. 우리 가정은 훌륭한 가정인가? 훌륭한 일터에서 말하는 신뢰, 자부심, 재미 이런 부분들이 가정에도 있는가?

초등학교 2학년 아이의 일기장 내용이다. 강아지가 있어서 참 좋다. 강아지는 나를 반겨주기 때문이다. 냉장고가 있어 참 좋다. 먹을 것이 많이 있어서이다. 엄마가 있어 참 좋다. 엄마는 나를 챙겨주기 때문이다. 그런데 아빠는 왜 있는지 모르겠다. 유머다.

14

나의 부가가치를 높이려면 생각하는 힘을 키워라

생각하는 힘을 키우는 방법

첫째, 질문을 많이 한다. 질문을 하면 생각하는 힘이 키워진다. 질문을 하면 좋은 점은 답이 나온다. 질문하면 생각을 자극한다. 질문하면 정보를 얻을 수 있다. 질문하면 마음을 열게 할 수 있다. 질문하면 귀를 기울이게 된다. 질문에 답을 하면 스스로 납득이 된다.

질문하는 방법은 여러 가지 있다. 개방적 질문을 하면 생각하는 힘이 더욱 커지게 된다. 개방적 질문이란 질문내용에 어떻게(How)나 무엇(What) 또는 왜(Why)라는 단어가 들어가면 된다. 예를 들면, 지난 주말 잘 보내셨습니까? 이런 질문은 폐쇄질문이다. 개방적인 질문으로 바꾸어 질문해 보면 지난 주말 어떻게 보내셨습니까? 또는 지난 주말 무엇을 하셨습니까?라고 질문하면 서술식으로 말을 할 수

밖에 없다. 이러한 개방적인 질문을 많이 하면 생각하는 힘이 키워진다.

질문 방법 중 GROW 질문이 있다. G(Goal), R(Real), (Option), W(Will)이다. 처음에 목적을 물어본 후 그 목적을 달성하기 위해 현재 상태는 어떤지 질문하고 대안은 무엇인지 물어보고 어떻게 할 것인지 의지를 물어 보는 방법의 질문이다. 예를 들면, 이번 분기에 중점적으로 추진할 업무가 뭐지? 그 업무를 잘 달성하기 위해 현재 상태는 어떻지? 현실이 그렇다면 성공적으로 목적을 달성하기 위한 대안은 있는가? 그렇다면 그렇게 한번 해 보자!와 같이 질문을 하면서 문제해결을 하는 방법이다.

‖ 코끼리를 냉장고에 넣는 방법 ‖

아래 4가지 문제를 풀어 본다. 이 문제는 단순하면서도 의미하는 바가 크다. 문제를 풀 때마다 의미를 부여할 수 있다. 참고하여 문제를 풀어 보기 바란다.

코끼리를 냉장고 안에 넣는 방법은?

냉장고 문을 연다. 코끼리를 냉장고 안에 넣는다. 냉장고 문을 닫는다.

이런 문제는 복잡하게 얽혀 있는 상황을 단순화 시키는 능력을 알아보는 데 유용하다.

기린을 냉장고에 넣는 방법은?

냉장고 문을 연다. 코끼리를 냉장고 안에서 빼 낸다. 기린을 넣는다. 냉장고 문을 닫는다. 이런 문제는 잘못된 행위에 어떻게 대처하는가를 알아 볼 수 있는 문제이다.

호랑이 왕이 동물회의를 주재하는데 빠진 동물은?

기린. 왜냐하면 기린은 지금 냉장고 안에 있기 때문이다. 이런 문제는 기억력을 물어 보는 문제이다.

악어들이 많이 사는 강을 안전하게 건너가는 방법은?

그냥 건너면 된다. 왜냐하면 악어들은 지금 동물회의에 가 있기 때문이다.

이상의 4문제는 아주 단순하면서도 복잡하게 얽혀 있는 내용들이다. 앞과 뒤, 부분과 부분, 전체적인 맥락을 살피지 못하면 잘 답할 수 없는 문제들이다. 여기서 암시하는 바는 일을 할 때 절차적인 부분이나 전체적인 맥락 등을 살펴서 일 하는 것이 중요하다.

둘째, 손 운동과 눈 운동을 자주 한다. 우리나라 국민이 세계적으로 두뇌가 우수한 이유 중 하나는 젓가락 사용 때문이라는 보고서가 있다. 손 운동을 많이 하면 뇌를 자극하여 뇌기능이 발달하게 된다. 평소에 손 운동을 많이 하면 생각하는 힘이 키워진다.

30초 안구 운동을 하면 창의력을 높일 수 있다.

매일경제신문 2009년 11월 21일자에 보면 30초가량 눈알을 앞뒤 또는 좌우로 움직이는 눈알 운동을 하면 창의적 사고력을 높이는데 도움이 된다는 결과를 소개하고 있다. 10일 미국 시사주간지 뉴스위크 인터넷판에 따르면 뉴저지의 리처드 스톡턴 칼리지 심리학 연구팀은 눈알 운동과 창의적 사고의 상관관계를 규명한 논문을 다음 달 발표할 예정이다.

연구팀은 실험 대상자 62명을 모집해 눈알 운동을 하면 창의적 사고력이 높아지는지 테스트 했다. 연구팀은 대상자에게 눈알을 앞뒤로 30초가량 움직이도록 한 뒤 벽돌이나 신문을 내 놓으면 '어디에 쓸 것인지' 나름의 아이디어를 내 보라는 실험을 진행했다. 실험결과 눈 운동을 한 실험 대상자 절반이 눈을 가만히 둔 채 앞만 쳐다본 나머지 절반보다 벽돌이나 신문을 사용하는 창의적 아이디어를 더 많이 제시했다.

셋째, 심상훈련(Image Training)을 한다. 배운 내용을 머리 속으로 생생하게 처음부터 끝까지 재생해 보면 오래도록 기억에 남는다. 생각하는 힘을 키우기 위해서 이러한 훈련을 많이 하면 된다. 운동선수들의 경우에 심상훈련을 많이 한다. 이미지훈련을 하면 실제 연습하는 효과와 비슷한 효과를 낼 수 있다.

‖ 심상훈련(image training) ‖

심상훈련은 운동수행의 상을 상상 속에 그리는 것이다. 심상은 인간이 실제로 보거나 듣고, 느끼는 등 실제의 감각적 경험과 유사하지만 그것을 일으키는 자극을 상상하는데서 시작된다. 심상은 내적심상과 외적심상으로 구분된다.

외적심상이란 내가 하는 행동 모습을 비디오로 촬영하여 모니터에 비추어 외부 관찰자 입장에서 뇌에 그리는 것이다. 내적심상이란 자신이 수행하는 동작전체를 시각, 청각, 촉각, 운동감각 등을 총동원하여 상상으로 연습해 보는 것이다.

심상은 심리기술로 실제 움직임 없이 운동을 체험할 수 있다는 특성 때문에 시간에 쫓기는 사람들에게 효용 가치가 높다. 걸어 다니면서 잠자리에 누워서, 차 안에서 할 수 있다. 시간적 공간적 제약 없이 쉽게 활용하여 자신감을 증진시키고 긍정적 정서를 함양하는데 도움을 줄 수 있다.

2장

보는 눈

15

변곡점(turning point) 시대 변화에 성공하는 방법

영국의 생물학자인 다윈은 살아남는 것은 '강한 종'도 아니고 '우수한 종'도 아니다. 다만 '변화하는 종'만이 살아남는다는 것이다. 뱀이 허물을 벗는다는 것은 살아남기 위한 처절한 변신이다. 계란을 남이 깨어주면 1회용 '후라이'밖에 되지 않지만 스스로 알을 깨고 나오면 한 마리의 생명력 있는 병아리가 된다. 이것은 외부에서 볼 때 극적이고 혁명이나 다름없는 것처럼 보이지만 내부에서는 자연스런 유기체 발달 과정이다. 인간도 변화하는 것은 자연스러운 것이다.

오늘날 환경변화의 특징

첫째, 가속적(exponential)이다. 선형적(liner)인 것이 아니라 기하급수적으로 변화한다. 선형적인 변화란 변화가 거의 천천히 서서히 일어나는 것이지만 가속적인 변화는 아주 급격하게 일어나는 것이 특징이다.

예를 들면 하루에 1원으로 시작하여 매일 두 배씩 돈을 지급한다고 하면 첫째 날에는 1원, 둘째 날에는 2원, 셋째 날에는 4원, 넷째 날에는 8원, 다섯째 날에는 16원 등으로 하여 한달(30일)이 되면 5억 4,000만원이 된다. 이와 같이 21세기의 변화는 기하급수적이다. 전 인텔 회장인 엔드류그로버에 의하면 기하급수적 변화의 시점, 생존과 번영을 결정짓는 근본 변화가 일어나는 시점인 변곡점(turning point)에 우리가 살고 있다는 것이다.

둘째, 불연속성(severance)이다. 과거의 변화가 예측 가능한 변화였다면 앞으로의 변화는 예측이 매우 어렵다. 어떤 학자는 21세기는 '해도(海圖)없는 항해시대'라고 표현한다.

셋째, 파급성(spread)이다. 한 부분의 변화가 있으면 다른 부분에 크게 영향을 미친다. 과거에는 변화가 있어도 파급 효과가 미미했지만 오늘날에는 파급효과가 매우 크다. 예를 들어 미국 주식이 한국 주식에 영향을 미친다든지, 일본의 지진으로 인한 방사능 사고가 우리나라까지 영향을 미친다든지, 서울 시내 한 지점에서 교통사고가 발생하면 전 시내의 교통에 영향을 미친다든지 등 우리의 일상생활에 전혀 영향을 미치지 않을 것 같은 변화도 사실상 큰 영향을 미치고 있다. 이런 것들이 파급성이다. 파급성은 교통통신 발달과 인터넷이라는 매체 발달로 인해 더욱 더 가속화 될 것이다.

이러한 변화 시대에 내가 변화하는 것은 그렇게 쉽지가 않다. 변화를 하려고 하면 대부분의 사람들은 우선 불안하거나, 저항하거나, 분노하거나, 흥분하거나, 거부하게 된다. 변화에 몰입하거나, 변화하고자 적극적으로 탐색하는 사람은 그리 많지 않다. 변화를 탐색하고 변화에 몰입하는 사람들이 성공의 맛을 볼 수 있다.

변화에 성공하는 방법

어떻게 변화를 탐색하고 몰입할 수 있는가? 즉 변화에 성공하기 위해서 나는 어떻게 해야 하는가? 첫째, 변화를 해야겠다는 필요성(Why)을 느껴야 한다. 변화해야 한다는 생각을 가져야 한다. 그 필요성을 인식하는 순간 내 인생의 성공 첫 출발을 시작하는 것이다. 필요성을 느끼지 않을 경우 변화에 대한 방관자가 된다.

성공을 하기 위해서 지금 나는 변화해야 한다. 부를 얻기 위해서 나는 변화해야 한다. 명성을 얻기 위해서 나는 공부를 해야 한다. 건강을 지키기 위해서 운동을 해야 한다 등 변화해야 할 필요성을 가져야 한다. 이것이 첫 단계이다.

둘째, 변화에 대한 목표(What)를 분명히 한다. 변화의 필요성을 느꼈으면 왜 변화해야 하는지 변화의 목표를 설정하는 것이다. 어디까지, 언제까지, 어떤 것을 등등의 목표를 명확하고 구체적으로 세워야 한다. 변화의 필요성은 느꼈지만 내가 무엇을 변화해야 하는지를 정확히 목표를 설정하지 않으면 혼란스럽기만 한다.

셋째, 목표 달성 가능성에 대한 확신(How)이다. 내가 변화의 필요성을 느끼고 변화에 대한 목표를 분명히 설정했다면 그 목표를 충분히 달성할 수 있다는 자신감과 확신을 갖는 것이 필요하다. 변화에 대한 신념이나 변화할 수 있는 역량이 부족하면 회의하게 된다.

넷째, 변화 설계를 잘 한다. 변화를 할 때 디자인을 잘해서 스스로 변화하게 한다. 남자들이 흘리지 말아야 할 것 중 하나는 눈물이고 하나는 오줌이다. 남자 화장실 변기 근처에 가면 오줌이 많이 흘려져 있다. 이것을 개선하기 위해 경고 문구나 권고 문구를 많이 보았을 것이다. 그럼에도 불구하고 개선되지 않는다. 개선하는 방법 중 하나는 변기에 파리 한 마리를 그려 놓으니 80%정도가 개선되었다는 것이다. 넛지라는 책에 나오는 이야기다. 세상을 변화시킬 때 설계를 잘 해서 스스로 변화되게 만드는 것이 필요하다. 또한 세상은 똑똑한 사람들이 설계를 해 놓았기 때문에 바보 같은 사람들은 설계해 놓은 방식대로 산다. 왜냐하면 상황의 힘 때문이다. 대부분의 사람들은 상황의 힘에 의해 지배받는다. 그 대표적인 예가 대구 지하철 화재 사건이다. 대부분의 사람들이 불이 나고 연기가 자욱한 그곳에서 도망가지 않았다. 왜냐하면 옆에 있는 사람들이 도망가지 않았기 때문이다. 그렇다면 옆에 있는 사람이 나의 목숨을 구해주느냐? 그렇지 못하다. 그럼에도 불구하고 옆 사람들이 탈출하지 않으니까 나도 그냥 앉아 있는다. 이것이 상황의 힘이다. 그러나 변화를 추구하거나 똑똑한 친구들은 그 설계해 놓은 방식을 재설계하거나, 상황의 힘을 깬다. 조용한 연못에 돌멩이를 던지면 파문이 일어난다. 그 파문이 상황의 힘을 깨는 것이다. 일단 변화를 하려면 돌멩이를 던져야 한다. 돌멩이를 던질 때 혼자 던지지 말고 협업을 해야 한다. 똑똑한 사람 몇 사람을 사전에 동의를 구하고 협조를 구하여 돌멩이를 던지면 옆에 있는 사람이 또 던지고 또 던지고 하면 변화를 성공할 수 있다. 똑똑한 사람 세 사람만 있으면 세상을 바꿀 수 있다는 말이 바로 이것이다. 왜냐하면 그 세 사람이 상황의 힘을 협력해서 깨면 다른 사람들은 세 사람이 만든 상황의 힘에 지배를 받게 된다.

‖ 인디언의 들소 잡는 방법 ‖

인디언들의 들소 잡는 방법이 특이하다. 들소는 눈이 머리 옆에 붙어서 정면을 볼 수 없다. 성질이 나면 머리를 땅으로 내려서 달린다. 들소 한 놈이 움직이면 들소 전체가 따라 앞의 들소를 따라 가는 습성이 있다. 인디언들은 들소를 벼랑 끝으로 유도한다. 그러면 선두에 선 들소들이 벼랑에 떨어지기 시작한다. 중간에 낀 놈이 발버둥 쳐보지만 뒤에 있는 들소들에 밀려서 떨어진다. 무언가 열심히 하기는 하는데 제대로 방향을 잡고 열심히 하는지? 인생의 방향을 제대로 잡고 사는지 생각해 볼 필요가 있지 않은가?

다섯째, 체계적인 실천(Real)이다. 변화목표를 잘 달성해 나가기 위해 계획을 수립하여 체계적으로 실천해 나가야 한다. 내가 고쳐야 할 습관을 고쳐서 실행해 나가야 한다. 실행하지 않으면 아무 소용도 없다. 제대로 실행해 나가지 못할 때 좌절하게 된다. 포기하지 말고 끝까지 실행해 나가야 한다.

제대로 잘 실행해 나가기 위해서 ① 생각을 과거의 속박으로부터 벗어나야 한다. 과거에 내가 어떻게 했고 이것도 중요하지만 지금 현재 과거에 얽매이지 않고 현재 해야 할 일들을 찾아서 실행해 나가는 것이 중요하다. ② 기존에 누리고 있는 편하고 좋은 것에서부터 자유로워져야 한다. 현재에 안주하는 생각과 태도를 버려야 한다. ③ 나쁜 습관을 좋은 습관으로 고쳐 나간다. ④ 실행해나갈 때 5W 1H 즉 누가, 언제, 어디서, 무엇을, 어떻게, 왜라는 생각을 갖고 잘 실천해 나간다.

‖ 줄탁동기 ‖

벽암록에 나오는 고사성어로 안과 밖에서 함께 해야 일이 잘 이루어진다는 줄탁동기 또는 줄탁동시라는 말이 있다. 병아리가 알에서 껍질을 쪼는 것을 '줄'이라 하고 어미 닭이 알을 쪼는 것을 '탁'이라 한다. 이것이 함께 이루어져야 부화가 잘 이루어진다는 비유다. 변화와 혁신을 추구하고자 할 때 누군가가 옆에서 잘 할 수 있도록 도와주면 도움이 될 수 있다는 의미이다.

‖ 백 마리째 원숭이 현상 ‖

1950년 일본의 미야자키현 고지마라는 무인도에서 일어난 일이다. 원숭이 20여 마리 살고 있다. 먹이는 주로 고구마였다. 원숭이들은 처음에 고구마에 묻은 흙을 손으로 털어 내고 먹었는데 어느 날 한 살 반짜리 원숭이 한 마리가 강물에 고구마를 씻어 먹기 시작했다. 그러자 다른 원숭이들이 하나 둘 흉내 내기 시작했다.

고구마 씻기를 하는 원숭이 수가 어느 정도까지 늘어나자 이번에는 고지마 섬 외 지역 원숭이들 사이에서도 똑같은 행위가 동시 다발적으로 나타났다. 멀리 떨어진 다카자키산을 비롯한 다른 지역에 서식 하는 원숭이들도 역시 고구마를 씻어 먹기 시작했다.

미국의 과학자 라이올 왓슨은 이것을 '백 마리째 원숭이 현상'이

라고 이름 붙였다. 어떤 행위를 하는 개체의 수가 일정량에 달하면 그 행동은 그 집단에만 국한되지 않고 공간을 넘어 확산되어 가는 현상을 말하는 것이다. 세상의 가치관이나 구조란 깨달은 10%의 사람에 의해 바뀐다고 한다. 이것은 시공을 초월한 '공명 현상(共鳴現象)'이 작용하기 때문이다.

16

변하지 못하는 이유

21세기는 변화 · 혁신의 시대

세상이 빠르게 변화하고 있다. 세상은 변하는데 내가 변하지 않으면 그 세상에서 잘 적응해 나갈 수 없다. 빠르게 변화하는 시대에 잘 살아가기 위해서 나도 분명히 변화해야 한다. 요즘 기업에서는 변화와 혁신을 매우 강조한다.

혁신의 개념은 기술혁신분야에서 최초 사용되었다. 최근에는 경영과 기업혁신, 정부혁신, 지역혁신, 교육혁신 등 타 분야까지 광범위하게 사용하고 있다. 슘페터(Schumpeter)는 유럽의 산업구조에 관한 연구, 즉 경제발전론(1912)에서 혁신의 결과로 기존시장이 파괴되고 신시장이 생겨나는 창조적 파괴과정을 혁신의 개념으로 본다. 즉, 이미 활용되고 있는 것들의 품질을 높여나가는 모든 활동을 혁신의 의미로 사용하고 있다.

변화 · 혁신과 관련된 3대 바보

무식하면 용감하다는 말이 있다. 변화 혁신과 관련된 3대 바보가 있다. 첫째, 바보는 잘못인 줄 모르는 바보이다. 자신이 잘못했음에도 불구하고 내가 무엇을 잘못했는지조차 모르는 바보이다. 도덕 불감증이 여기에 해당된다. 우리사회에는 심각한 도덕불감증을 갖고 사는 사람들이 매우 많다. 특히 사회 지도층이 그렇다.

노블레스 오블리제(Noblesse oblige)란 원래 프랑스어로 "귀족의 의무"를 의미한다. 자신이 누리는 부와 권력, 명예만큼 사회에 대한 책임과 의무를 함께 해야 한다는 의미다. 노블레스 오블리제는 사회 지도층에게 사회에 대한 책임이나 국민의 의무를 모범적으로 실천하는 높은 도덕성을 요구하는 단어이다.

노블리스는 '닭의 벼슬'을 의미하고 오브리제는 '달걀의 노른자'라는 뜻이기도 하다. 이 단어를 합성해 만든 "노블리스 오블리제"는 닭의 사명이 자기의 벼슬을 자랑함에 있지 않고 알을 낳는데 있음을 말해 주고 있다. 그럼에도 불구하고 병역기피, 뇌물수수, 부동산 투기 등 도덕불감증 즉, 자신이 잘못을 했음에도 불구하고 그 잘못을 모르고 살아가는 사람들이 많이 있다. 사회지도층뿐만 아니라 일반 사람들도 도덕불감증이 있는 사람들이 매우 많다. 변화의 첫 번째 문제는 내가 무엇을 잘못 살고 있는지를 깨닫고 그 잘못하는 행동을 반복하지 않는 것이 중요하다.

‖ 에스키모 들개 잡는 이야기 ‖

에스키모의 들개 잡는 이야기가 있다. 에스키모인들이 들개를 잡을 때 어떻게 잡을 것 같은가? 에스키모인들은 빙판 한 가운데 칼을 거꾸로 꽂아둔다. 거꾸로 꽂아 둔 칼에 동물의 피를 흠뻑 묻혀 두면 들개들이 동물의 피냄새를 맡고 와서 그 칼을 핥아 먹기 시작한다. 처음엔 동물의 피를 핥아 먹었지만 나중에는 들개 자신의 혀가 칼에 베어 그 피를 핥아먹으면서 자신도 모르게 피를 많이 흘려 죽게 된다. 그러면 에스키모인들은 지나가다 들개를 주워 오면 된다. 현재의 달콤함의 즐김으로 인하여 자신이 망하게 되는 모습이 나에게는 없는가?

둘째, 바보는 못난 줄 모르는 것이다. 내가 못날 줄 모르고 잘 난척하는 사람들이다. 앞에서도 살펴보았지만 우물 안의 개구리가 바로 두 번째 바보이다.

세 번째, 바보는 망하는 줄 모르는 것 즉 위기의식이 없는 사람들이다. 내가 지금 망하고 있는데도 불구하고 망하는지조차도 모르는 바보들이 있다.

‖ 어느 성공회 주교의 묘비문 중에서 ‖

나는 세상을 변화시키겠다는 꿈을 가졌었다.
그러나 좀 더 나이가 들고 지혜를 얻었을 때 나는 세상이 변하지 않으리라는 것을 알았다.
그래서 내 시야를 약간 좁혀 내가 살고 있는 나라를 변화시켜야겠다고 결심했다.
그러나 그것 역시 불가능한 일이라는 것을 알았다.
나는 마지막 시도로 나와 가장 가까운 내 세상을 변화시키겠다고 결심했다.
그러나 아아, 아무도 달라지지 않았다.
이제 죽음을 맞기 위해 자리에 누워 나는 문득 깨닫는다.
만약 내가 나 자신을 먼저 변화시켰더라면 그것을 보고 가족이 변화되었을 것을, 또한 그것에 용기를 내어 내 나라를 더 좋은 곳으로 바꿀 수도 있었을 것을 그리고 누가 아는가, 세상까지도 변화되었을지.

웨스터 민스터 대성당 지하묘지에 있는
성공회 주교의 묘비문 중에서

여러분은 변화를 위해 무엇을 들고 있는가? 20대에는 세상을 바꿔 보겠다고 돌멩이를 들고 있었고, 30대에는 마누라를 바꿔 보겠다고 눈 꼬리를 들고 있었고, 40대는 자식을 바꿔 보겠다고 매를 들고 있었다. 50대가 된 지금 뭘 들고 있는가? 몇몇 사람에게 물어 보았다.

어떤 사람은 이렇게 대답한다. 사내가 뭘 들고 있겠어? 생각해 보면 알지? 또 어떤 사람은 스마트 폰, 또 어떤 사람은 욕심 가득한 마음 등. 나를 변화시키기 위해 들고 있어야 할 것을 찾기 바란다.

17

사소한 일에 목숨 걸지 말고 작은 일에는 최선을 다하라

사소함의 해석

사소한 일을 바라보는 두 가지 상반된 역설적인 시각이 필요하다. 첫째, 사소한 일은 말 그대로 작은 일로 보아 넘기는 것이다. 둘째, 세상에는 의미 없는 일이 없듯이 사소한 일을 잘 다루는 것이 매사의 기본임을 깨닫는 것이다. 첫째, 사소한 일, 예를 들면 나의 정신건강을 해치는 일의 경우 너무 신경 쓰지 말고 그냥 지나가야 한다.

인생은 새옹지마다. 어떤 경우에는 스스로 통제하려고 노력을 많이 하여도 결코 쉽지 않은 것들이 있다. 첫 번째 사소한 일의 경우 너무 신경 쓰지 말고 그냥 있을 수 있는 일이므로 웃고 넘어가는 것이 정신건강에 좋다. 나의 정신건강에 해로운 것들은 사소하게 생각하여 빨리 잊는 것이 좋다.

두 번째 경우 사소한 일이라도 소홀히 하지 마라. 일에는 중요한 일도 있고 중요하지 않은 일도 있다. 먼저 해야 할 일이 있고 나중에 해야 할 일이 있다. 하지 말아야 할 일이 있고 꼭 해야 하는 일이 있다. 남들이 생각할 때 아주 하찮은 일, 중요하지 않다고 생각하는 일, 사소한 일이라고 생각하는 일에 최선을 다하는 눈을 가져야 한다. 복사 한 장을 해 오라고 시키면 어떤 사람은 아주 깨끗하게 하는 반면 어떤 사람은 그냥 테두리가 검게 되는대로 복사하는 사람이 있다. 자그마한 신뢰가 많이 쌓여야 큰일을 할 수 있다. 자그마한 일이라고 소홀히 하면 큰일을 할 수 없다.

‖ 깨진 유리창의 법칙 ‖

미국 범죄학자. 제임스 윌슨과 조지 켈링의 사회 무질서에 관한 이론이다. 미래의 경영 전략이나 원대한 비전에는 많은 노력과 시간을 투자하면서도 정작 현재 기업을 갉아먹고 있는 사소하나 치명적인 것, 즉 깨진 유리창들에는 눈을 돌리지 못하고 있다.

깨진 유리창 하나를 방치해 두면 그 지점을 중심으로 범죄가 확산되기 시작한다는 것을 범죄학에 도입해 큰 성과를 거두었다. 비즈니스 세계도 접목하여 활용되고 있다. 고객이 겪은 한 번의 불쾌한 경험, 한 명의 불친절한 직원, 정리되지 않은 상품, 말뿐인 약속 등 기업의 사소한 실수가 결국은 기업의 앞날을 뒤흔든다는 법칙이다.

18

꿈 · 미션 · 비전 · 목적 · 목표의 차이

꿈 · 미션 · 비전 · 목적 · 목표

여러분들은 비전이 있는가? 어떤 사람은 비전을 물어보면 있다고 한다. 집에 가면 텔레비전이 있다는 것이다. 보지도 듣지도 말하지도 못하는 헬렌켈러에게 물어보았다. 세상에서 가장 불쌍한 사람이 누구입니까? 헬렌켈러는 꿈이 없는 사람이라고 대답했다. 세상에서 꿈과 희망이 없다면 살아갈 힘이 있겠는가?

꿈(dream), 사명(mission)과, 비전(vision), 목적(purpose, object)과 목표(goal, aim)의 차이에 대해 살펴보자. 꿈은 실현하고 싶은 희망이나 기대사항, 또는 실현가능성이 아주 적거나 전혀 없는 헛된 기대나 생각으로 국어사전에 정의되어 있다. 실현하고 싶은 그러나 실현 가능성이 아주 적거나 전혀 없는 기대사항 등으로 상반되게 정의하고 있다. 어쨌든 꿈은 어떤 ~~에 대한 기대사항이다. 이 기대사항은 대부분의 사람들이 다 있다.

예를 들면 어떤 사람에게 "당신 꿈이 무엇입니까?"라고 물으면 대통령이 되는 것, 장군이 되는 것, 부자가 되는 것, 사장이 되는 것, 목회자가 되는 것, 외교관이 되는 것 등 내가 실현하고 싶은 것을 말한다. 이 실현하고 싶어 하는 꿈이 나이가 들수록 점점 사라져 간다는 것이다. 또는 나이 들수록 꿈은 이상적인 희망이나 기대보다는 보다 현실적인 내용으로 꿈을 이야기 하고 있다는 것이다.

"나의 꿈은 잘 먹고 잘 사는 것이 꿈이다." 등이 그것이다. 물론 이 내용이 잘못되었다는 것은 아니다. 젊은이들이 꿈을 잃고 있는 것이 안타까운 것이다.

위의 내용 중 나의 꿈은 잘 먹고 잘 사는 것이다라고 했을 경우에 잘 먹는 것은 사명에 해당되고 잘 사는 것은 비전에 해당된다. 예를

들면 어떻게 잘 먹고 잘 살 건데 물어보면 돈 많이 벌어서, 다시 어떻게 돈을 벌 건데 물어 보면, 열심히 일해서, 열심히 어떻게 일을 할 건데 물어보면, 열심히 회사 다니거나, 자영업을 하거나, 사업을 하거나 등을 통해서 잘 먹고 잘 산다는 결론이 나온다.

이때 일을 하는 이 부분이 바로 사명에 해당된다. 그래서 사명은 바로 현재 중요하게 하고 있는 일이 바로 사명이다. 사명은 내가 반드시 해야 할 임무이고 과업이다. 이 사명을 통해서 비전은 달성된다. 사명은 사실에 해당되며 비전은 반드시 사실이 될 수도 있고 그렇지 않을 수도 있다.

잘 먹고 잘 산다는 의미도 한번 생각해 보자. 어떻게 잘 먹고 잘 살 건데 물어 보면 세계의 각국 요리를 먹고 벤츠를 타고 한강변이 내려 보이는 100평의 집에서 사는 것이다라고 대답할 때 이것이 바로 비전에 해당된다. 그러므로 비전은 내다보이는 장래의 상황이며 나의 최종적인 목표나 방향에 해당되는 것이다. 전체적인 방향성 최종적인 목적 방향을 설정하는 것이 비전이라면 이제는 그 비전을 달성하기 위해 노력해야 한다.

비전 없는 행동은 시간낭비이고 행동 없는 비전은 몽상에 불과

비전이 저기 앞에 보이는 저 먼 산 정상에 태극기를 꽂고 손을 흔들며 활짝 웃는 사진을 찍는 모습이라면 목적이란 먼 산이 목적이며 목표는 먼 산에 가기 위하여 강도 건너고 개울도 건너고 가까운 산도 지나야 한다. 이들이 바로 목표라고 볼 수 있다.

정상에 도달하기 위해서는 가까운 산과 먼 산을 넘어야 한다. 정확하고 명쾌한 비전이 있기 때문에 그 비전을 달성하기 위해 가까운 산과 먼 산을 힘겹지 않고 즐겁게 갈 수 있다. 가까운 산들을 어떻게 넘어 갈 것인가? 명확하게 해야만 정상에 도달할 수 있다. 그것이 바로 목표이다. 비전이 없으면 계속 가까운 산들만 넘다 볼일 다 본다. 시간만 지나간다. 망망대해에서 방향타가 없는 배를 타고 망망대해에 나가 바람이 불기만을 기다리고 있는 모습을 상상해보라. 이런 상태로는 배가 항구에 도착하기도 전에 암초에 걸려 가라앉을 것이다.

인생도 마찬가지이다. 분명한 비전이 없으면 구체적인 목표가 나오기 힘들다. 그래서 비전 없이 매번 목표만 세워서 행동하는 것은 인생에서 시간낭비 시간 때우기가 될 수 있으며 행동 없는 비전은 단지 몽상이나 꿈에 불과할 수 있다. 그러므로 행동 있는 비전, 비전 있는 행동이 나도 바꾸고 세상도 바꿀 수 있다.

19

나의 미래 모습 그리기

나의 미래 모습

10년 후 20년 후 나의 모습에 대해 상상해 보라. 어디에서 무엇을 하고 있을까? 어떤 사람은 세계 일주 하면서 삶을 보내는 사람이 있는가 하면 어떤 사람은 파고다공원에 앉아 있는 자신의 모습을 상상할 수 있다. 10년 20년이 너무 길면 5년 후 모습을 상상해 보라. 5년 뒤에 어떤 사람은 최고 경영자가 되어 있는 모습, 또 어떤 사람은 지금 현재 다니는 직장에서 직급이 상당히 올라가 있는 모습, 또 어떤 사람은 직업을 옮겨서 다른 일을 하고 있는 사람들 등 다양할 것이다.

좀 더 생생한 상상을 해 보기 위해서는 5년 후, 3년 후, 1년 후 모습을 상상해 보면 된다. 이처럼 자신의 모습에 대하여 1년 후, 5년 후, 10년 후, 30년 후, 50년 후의 모습을 자꾸 상상해 보는 연습을 해야 자기 발전이 있다. 사람을 만나서 이야기를 해 보면 어떤 사람은 자신의 과거 이야기만 계속하는 사람이 있는가 하면, 어떤 사람은 지금 현재 자기가 하고 있는 일, 지금 현재의 모습을 중점적으로 이야기 하는 사람이 있다. 또 어떤 사람은 자신의 미래 이야기를 중심으로 말하는 사람이 있다.

과거 이야기를 중점적으로 하는 사람들은 과거지향적인 측면이 많고, 현재 이야기만 하는 사람들은 현재 삶 중심적이며, 미래 이야기를 하는 사람은 미래지향적인 사람이라고 볼 수 있다.

물론 지나온 과거도 중요하고 지금의 삶도 중요하지만 앞으로 자신의 삶을 성공적으로 가꾸어 나가기 위해서는 자신의 미래 모습을 자꾸 설계해 보는 것이 매우 중요하다.

미래 모습을 현실화 하는 전략

자신의 미래를 성공시키기 위한 방법은 다음과 같이 하면 훌륭한 미래를 만들 수 있다. 첫째, 미래 여행을 떠난다. 자신의 미래 여행을 시간 날 때마다 떠나 본다. 나의 미래는 어떤 모습인가? 인류의 미래도 중요하지만 자신의 미래 여행을 자주 떠나 보는 것이다.

그러면 어떻게 살아야 할 것인가?에 대한 답이 나온다. 10년 후 자신이 성공한 모습의 미래 여행을 떠난 사람은 지금 현재 내가 무엇을 해야 그렇게 만들 수 있는지 답이 나온다. 그러면 지금부터 나의 나쁜 습관을 어떻게 고칠 것인가? 지금부터 자기개발은 어떻게 할 것인가? 지금부터 열심히 해야 할 일들은 무엇인가? 등에 대한 답이 나온다는 것이다.

둘째, 미래 이력서를 작성해 본다. 이력서는 대부분의 사람들이 과거 이력서는 많이 작성해 보았을 것이다. 미래 자신의 이력서를 지금 써 본다. 1년 후, 5년 후, 10년 후, 15년 후, 20년 후 이런 방법으로 5년 단위로 자신의 미래 이력서를 써 보면 현재 어떻게 살아야 할 것인가?에 대한 답이 나온다.

미래 이력서를 쓰다 보면 결혼은 언제 해야 하고, 자식은 어떻게 키워야 하며 노후 대비는 어떻게 해야 하는가? 등에 대한 그림들이 그려 질 것이다. 나의 미래 이력서를 구체적으로 써 보면 나의 생애 설계 계획도가 그려진다.

셋째, 자신이 만든 비전과 미래 이력서는 많은 사람들에게 알린다. 자신이 달성하고자 하는 비전과 미래 이력에 대해서 혼자만 알고 있는 것이 아니라 가족, 친구, 동료들에게 선언하는 형식을 취하는 것이 좋다. 기업에서 창립기념일 때 비전 선포식 하는 것과 비슷하게 자신의 생일 때 이러한 비전을 선언하는 것이 비전을 달성하는 데 매우 도움이 된다. 유태인 속담에 이런 말이 있다. 말이 입안에 있을 때에는 네가 말을 지배할 것이요. 말이 입 밖을 나오면 말이 너를 지배할 것이다. 다른 사람들에게 자신의 비전을 말하면 그 말이 언약이 되고 공약이 되어 스스로 자신이 선언한 내용을 잘 실천하게 될 것이다.

넷째, 구체적인 목표를 수립하라. 자신이 만든 사명과 비전을 달성하기 위해서 자신의 아름다운 미래여행을 위해서 자신의 미래 이력서 달성을 위해서 구체적 목표를 수립하는 것이 필요하다.

목표 수립하는 방법 SMART

목표설정이 왜 중요한가? 목표가 있어야 이루어진다. 그 이유는 목표를 설정하면 뇌는 목표지향적이어서 몸 속에 있는 100조 개의 세포가 일사 분란하게 목표를 달성하기 위해서 움직인다. 이것이 뇌의 목표지향적 메커니즘이다.

지금 당장 실시해 보라. 여러분이 오늘 아침 밥을 먹어야겠다고 목표를 세우는 순간 모든 뇌의 세포들이 밥 먹는 행동으로 목표지향적으로 활동한다. 또 공을 어떤 홀 컵에 넣겠다고 목표를 정하면 나의 모든 행동들이 홀 컵에 공을 넣는 목표지향적인 행동으로 세포들이 몰입한다. 성공하면 나의 행동에 대하여 칭찬하고 즉 앗싸, 실패하면 질책한다. 아이씨 하고 말이다.

목표를 설정하면 몰입이 가능하다. 몰입을 하기 위한 가장 좋은 방법 중의 하나는 목표를 세우는 일이다. 동물의 왕국에서 사자가 사슴을 사냥할 때 사자는 사냥하기 위해 최고의 몰입을 한다. 사슴은 도망가기 위해 최고의 몰입을 한다. 위기상황에서 최고의 몰입을 한다. 그러나 롤러코스터를 타거나 번지점프를 하거나 스포츠나 게임을 할 때 등 가상의 위기 상황에도 뇌는 몰입을 하게 된다. 왜냐하면 뇌는 실제인지 가상인지 구분하기 보다는 어떤 신호를 보고 활동하기 때문이다.

그러므로 뇌에 어떤 신호를 주면 뇌는 활동하기 시작하고 우리 몸도 신호에 따라 움직인다. 뇌에 신호를 주는 자극 그것이 목표가 될 수 있다. 목표가 설정되면 그 목표에 따라 뇌는 활동하고 우리 몸도 덩달아 활동하기 때문에 목표설정이 대단히 중요하다는 것이다. 일반적으로 뇌에 신호를 줄 때 자극의 세기가 크면 기억에 아주 오래 남는다. 즉 재미있거나 놀라거나 하는 등의 사건들은 장기기억에 저장된다. 또 반복하면 반복한 내용들이 장기기억에 남는다. 이와 같이 장기기억에 남고 지속적으로 잘 실천하기 위한 다양한 방법이 필요하다.

목표를 설정할 때에도 방법이 필요하다.

목표를 수립할 때는 SMART 방법으로 설정한다. ① 구체적(specific)으로 만든다. 예를 들면 2012년에 책을 많이 읽는다가 아니라 2012년까지 50권의 책을 읽는다. 금년에는 돈을 많이 벌겠다가 아니라 1년에 매출액 20억, 일류대학교에 진학하겠다가 아니라 서울대학교 법학과 입학 등 구체적으로 목표를 수립하는 것이 좋다.

왜 목표를 구체적으로 수립하는 것이 좋은가? 사람의 심리에서 앵커링 기법 때문이다. 앵커(ANCHOR)란 배가 항구에 정박할 때 사용하는 닻이란 뜻이다. 암벽타기를 할 때 줄과 사람을 연결하는 고리 역시 앵커라고 한다. 앵커링 기법이란 하나의 심리상태를 어떤 특정한 심리상태로 닻을 내려주는 것으로 최면이나 정신치료에 널리 사용되고 있다. 예를 들어,

돈을 많이 벌겠다고 하면 0원에서 시작하는 것과 같다. 그런데 1년에 매출액 20억이라고 하면 20억에서 출발한다. 앵커링 기법을 통하면 사람의 심리상태를 바꿀 수 있다. 자신이 좋아하지 않는 음식을 먹게 만들 수도 있다. 예를 들면 아이들이 파를 먹지 않을 경우, 파를 먹으려고 할 때 역겨운 냄새가 나면 좋아하는 게임을 떠올리게 하거나 좋아하는 콜라를 떠올리게 한다. 이렇게 연습하면 파를 먹을 수 있게 된다. 왜냐하면 마음의 작용을 바꾸기 때문이다. 돈을 많이 벌겠다는 막연한 생각은 앵커링 기법에서 보면 도움이 안된다. 구체적으로 20억 하면 20억에서 출발하는 효과를 보기 때문에 목표설정을 구체적으로 하는 것이 도움이 된다.

② 목표는 측정(measurement) 가능하게 진술하는 것이 좋다. 달성이 되었는지 안 되었는지 정확히 판단할 수 있도록 측정 가능한 목표를 수립한다.

③ 행동 지향적(action oriented)으로 설정한다. 예를 들면 이해한나, 함양한다, 육성한다, 이런 표현 보다는 만든다, 선택한다 등 눈으로 확인 관찰 가능한 문장으로 표현하는 것이 좋다.

④ 목표는 현실성(realistic)이 있어야 한다. 목표를 정할 때 현 상황을 충분히 분석하여 약간의 도전 가능한 목표를 설정하는 것이 바람직하다. 지나치게 목표를 높게 설정하거나 지나치게 낮게 설정하는 것은 바람직한 목표가 아니다.

⑤ 목표는 달성 가능한 시간(timely)이 정해져 있어야 한다. 언제까지 달성하겠다는 것이 분명히 표현되어 있는 것이 좋다.

20

비전을 글로 쓴 사람은 상위 3%에 속한 사람

비전을 구체적으로 글로 써 놓은 사람과 그렇지 않는 사람

비전이 있는 사람과 없는 사람은 어떤 차이가 있는가? 비전이 있기는 한데 글로 써 놓은 사람과 머리에만 그리고 있는 사람과는 어떤 차이가 있는가? 분명한 것은 비전을 자신의 용어로 글로 써 놓고 있는 사람과 그렇지 않은 사람과는 엄청난 차이가 있다.

비전을 글로 써 놓고 있는 사람은 모든 행동들이 그 비전을 달성하기 위해 한 방향으로 집중될 수 있다. 사소한 행동과 좋지 못한 행동은 대수롭지 않게 지나갈 수 있을 뿐만 아니라 비전을 달성해 나가는 데 방해가 되는 모든 행동들이 통제될 수 있다.

그래서 글로 써 놓은 비전이 괜찮은 나를 만드는 데 매우 도움이 된다. 당신은 글로 써 놓은 비전이 있는가? 있다면 다시 한 번 그 비전을 생각해 보고 없다면 지금 당장 그 비전을 글로 표현해 보라. 그리고 글로 표현한 것을 내가 가장 잘 보이는 곳에 붙여 두라. 쓴 비전을 그림으로도 그려보고 머리로 비전을 달성했을 때의 상상도 해보라. 그리하면 그 비전은 달성될 가능성이 매우 높다.

아래 사례들은 비전이 있는 사람의 행동과 비전이 없는 사람의 행동의 차이를 잘 나타내 주는 사례 들이다. 그리고 비전이 있을 경우 행동이 어떻게 잘 통제되는지 비전 달성을 위해 나의 삶이 나를 어떻게 통제시켜 나타나는지를 잘 보여주는 사례들이다.

생선 행상을 한 동창 이야기

몇 달 전 동창회를 다녀온 적이 있다. 학교 다닐 때 열심히 공부도 잘하고 집안도 부유하고 미모도 아주 뛰어난 여자 동창생을 만났다. 그 여자 동창생은 학교 다닐 때와는 아주 다르게 노량진 수산시장에서 생선 행상을 하게 되었다는 이야기를 들었다. 그런데 하루는 이 여자 동창생이 생선을 시장에서 행상하면서 팔고 다니는데 반대편에서 예전에 자기를 좋아했던 남자가 정장 차림으로 자기 쪽으로 다가오고 있는 것을 보았다는 것이다.

그 순간 이 여자 동창생은 예전의 그 남자를 아는 체를 했을까요? 아니면 그냥 지나쳤을까요? 여러분들이라면 어떻게 했을 것 같습니까? 아마 대부분이 아는 체 하지 않고 그냥 다른 길로 도망쳤을지도 모른다. 그러나 이 여자 동창생은 그 순간 머릿속에 만감이 잠깐 교차했지만 아는 체를 했다는 것이다. 왜 아는 체를 했는가 하면 자신은 옛날의 자기가 아니라 현실을 직시하고 있었을 뿐만 아니라 자신은 분명한 비전이 있었다는 것이다.

그리고 오늘 아침에도 집에서 나올 때 책상 앞에 있는 비전을 한 번 보고 나왔다는 것이다. 어떤 비전인가 하면 돈을 벌어서 즉 생선 행상(미션)하면서도 아이들 공부도 시키고 유학도 보내고 집도 사야 한다. 나중에 전원주택에서 가족들과 함께 오손 도손 사는 비전이 분명히 있었다는 것이다. 그 비전 때문에 아는 체 해도 별로 그렇게 창피하지는 않았다는 것이다. 다행히 그 남자는 생선을 그 자리에서 다 팔아 주었을 뿐만 아니라 동창들에게 이야기를 해서 조그마한 가게를 얻게 만들어주어 지금은 노량진 수산시장에서 알아주는 큰 가

게로 성공시켰다는 성공스토리를 들었다. 비전은 이런 것이다

‖ 폴 메이어 교수 이야기 ‖

폴 메이어 교수는 미국의 예일 대학교를 졸업한 대상자들이 20년 후에 어떻게 생활 하는가? 조사해 보니 3%는 엄청난 부를 이룬 최상류층에 속해 있고 10%는 여유 있게 살고 있는 중류층 60%는 겨우 생계를 유지하고 있는 서민층 27%는 남의 도움을 받고 살아가는 극빈층에 속해 있다는 것이다.

폴 메이어 교수는 왜 이런 결과가 발생했을까? 조사를 해 보았다. 미국은 다민족 국가이므로 인종에 따라서 이런 결과가 나오지 않았는가? 조사해 보니 아니었다. 또 부모의 경제적 여건에 따라서도 아니었다. 졸업 때 성적에 따라서 등을 조사해 보니 아니었다. 그 결과는 3%는 구체적인 비전을 글로 써 놓고 있었고, 10%는 비전은 갖고 있었지만 글로 써 놓고 있지 않았던 사람들이며, 나머지 87%는 비전이 없었다는 통계 결과를 제시하고 있다.

이 결과는 통계적 결과라는 것이다. 이처럼 한 줄이라도 비전을 글로 써 놓고 있는가? 없는가?는 엄청난 차이를 가져 온다. 생각해 보라! 중소기업이든 대 기업이든 모두 회사의 미션과 비전은 다 있다. 그런데 그 조직 속에서 일하는 개인은 모두 분명한 미션이나 비전을 글로 써 놓고 있는 사람이 몇 명이나 되는가? 그러므로 당연히 조직구성원은 87%에 속하고 회사 경영자는 13%에 속하지 않은가?

21

4×7=27이 맞는가? 28이 맞는가?

주변상황에 에너지 낭비 말고 자신의 길을 간다.

어느 한 고을에, 이무식이 동네에 다니면서 4×7=27이라고 하면서 다니고 있었다. 동네에 다니면서 매번 4×7=27이라고 한다. 옆에 윤비전 씨가 볼 때 분명히 4×7=28인데 이무식이 4×7=27이라고 하니 답답해 미칠 지경이었다.

'윤비전이 너는 왜 자꾸 4×7=27이라고 하느냐?'라고 물으니 이 무식은 4×7=27아니냐고 반문하는 것이었다. 분명히 4×7=28이 맞지 않은가? 그래서 윤비전이 이무식에게 그럼 당신 말이 맞는지 내 말이 맞는지 원님에게 가서 물어보자고 제의하였다. 그래서 이무식도 좋다고 하여 원님에게 판결을 맡기기로 하고 원님에게 두 사람이 갔다.

윤비전이 '원님 4×7=28이 맞지요. 판결해 주십시오'라고 하니까 원님이 이무식은 석방하라고 명하였고 윤비전은 곤장 28대를 쳐서 내 보내었다. 윤비전 입장에서는 얼마나 억울한가? 분명히 자신의 답이 맞는데 왜 나를 곤장 치는가? 억울하여 원님에게 그 이유를 물었다.

그러자 원님이 하는 말이 다음과 같았다. 4×7=28이라는 것을 삼척동자도 다 안다. 그런데 굳이 확실히 맞는 답을 가지고 여기까지 와서 따지는 당신이 바로 한심한 사람이 아닌가? 그렇지 않은가? 그래서 당신에게 곤장을 친 것이다라고 말하였다.

우리는 살아가면서 이와 같은 4×7=27이 맞다고 하는 또라이들을 많이 본다. 그런데 그 또라이들과 싸우면 누가 또라이가 되는가? 나는 전국으로 출장을 자주 다니므로 이런 경우를 가끔씩 본다.

자동차를 갖고 지방으로 출장 가는 중에 있었던 일이다. 고속도로를 규정 속도인 100km로 2차선을 달리고 있는데 갑자기 1차선에서 스포츠카가 내 차 앞으로 빠르게 추월하여 지나갔다. 너무 놀란 나머지 경광등을 켜고 클랙슨을 울렸다. 그런데 갑자기 그 스포츠카가 천천히 속도를 줄여 내 차 앞에서 50km로 가는 것이었다. 그래서 차선을 바꾸어 다시 1차선으로 비켰다. 그랬더니 다시 1차선으로 내 앞을 가로막으며 천천히 달리는 것이었다. 아마 경광등과 클랙슨 때문에 화가 났던 모양이다.

그래서 나도 화가 나서 다시 창문을 열고 클랙슨을 누르면서 개XX야라고 하려고 하는 순간 갑자기 4×7=27이 생각났다. 그래서 차

창 밖으로 손을 흔들며 미안하다고 하니까 그제서야 그냥 다시 제 속도로 달리기 시작했다.

이때 내 성질대로 했더라면 즉 고속도로 한 복판에서 삿대질을 하며 젊은 친구와 싸웠더라면 누가 4×7=27이 되는가? 생각해 보라. 살아가면서 이런 일이 가끔씩 있다. 그때마다 4×7=27을 생각하면 웬만한 것들은 그냥 지나갈 수 있다.

나의 비전이 확실히 만들어져 있다면 그 비전을 달성해 나가는 데 방해가 되는 요소들은 모두 제거하며 비전을 달성해 나가는 것에만 매진할 수 있다.

22

나의 사명 만드는 방법

우선 나의 삶에서 가장 중요하다고 생각되는 것들을 나열해 본다. 즉 인생 전체, 업무 현장, 가정에서 중요한 것 3가지씩 나열해 본다. 그런 다음 9가지 중 정말로 내가 사명으로 삼아야 할 가치를 5가지 정도 선택하여 이 내용을 문장으로 표현하면 바로 나의 사명이 되는 것이다.

‖ 나의 핵심 가치들 ‖

1. 가정의 행복, 건강, 화목 도모를 통한 행복 토대 마련
2. 꾸준한 운동을 통한 건강관리
3. 열정과 자부심에 바탕을 둔 전문성 배양과 회사 충성
4. 취미생활을 통한 인생의 즐거움, 흥미추구
5. 봉사활동을 통한 내가 아닌 타인의 아픔 공유

‖ 나의 사명 ‖

나의 사명은 부모로부터 물려받고 사랑하는 아내의 격려로 성장한 나의 재능을 더욱 키워서 사회 발전에 도움이 되고 나와 관련된 사람들에게 행복과 좋은 영향을 주는 사람으로 살아가는 것이다. 이를 위해 나는 첫째, 남편으로서 성혼의 모든 약속을 잊지 않고 사랑하는 아내를 평생 존중하고 사랑하며 친구로 즐겁게 살아갈 것이다. 둘째, 아들로서 사위로서, 양가 부모님을 평생 공경하고 섬길 것이다.

셋째, 아버지로서, 아이들 인생의 모델이 되고 평생 멘토가 되어 모두들 사회에 공헌하는 훌륭한 사람이 되도록 도울 것이다. 넷째, 친구, 형제들에게는 기쁠 때나 어려움에 처하였을 때 언제나 나와 함께 할 것이다. 다섯째, 조직의 리더로서, 직원들의 성장을 지원하고 회사의 발전에 주도적 역할을 다 하며 경쟁력에 어려움을 겪는 기업과 자기 성장과 성과 창출에 고민하는 개인들을 위하여 나의 재능을 아낌없이 나눌 것이다. 이 사명을 위하여 나는 항상 하나님께 기도하며 계획하고 실행하며 살아갈 것이다.

2007년 6월 가을 햇살이 비치는 강원도에서 윤옥한

23

나의 비전 만드는 방법

비전 만들 때 몇 가지 원칙

첫째, 비전은 6하 원칙과 은유법을 써서 만드는 것이 좋다.

예를 들면 1. 누가 (개인 또는 기관, 단체) 2. 언제 (언제까지: 1년 내에, 3년 내에) 3. 어디서 (어디에 도달할 것인가?: 세계 최고, 국내 최고, 3위 내) 4. 무엇을 (어떤 분야에서: 컨설팅 분야, 서비스 분야, 건설업 분야에서) 5. 어떻게 (어떤 방법으로: 새로운 경영혁신을 통해, 우수한 프로그램개발을 통해) 6. 왜 (그렇게 하는 이유는?: 매출 증대, 이윤창출) 7. 표현방법 (비유, 은유 등 감정에 호소, 보일 수 있게) 작성하면 된다.

둘째, 큰 비전을 만들어라. 자신이 생각하는 아주 찬란하고 큰 비전을 만드는 것이 중요하다. 비전만 보더라도 가슴이 뭉클하고 의욕이 생기는 그런 큰 비전을 만드는 것이 필요하다. 예를 들면 큰 꿈이란 이런 것이다. 만약 내일 수능시험을 보는 날인데 비바람이 엄청 불어도 수능시험 보러 갈 것인지? 안 갈 것인지? 망설임 없이 그냥 수능 시험 보러 서둘러서 간다. 그런데 친구와 약속이 있었다. 그렇다면 비바람이 세차게 불 경우 망설임 없이 그냥 약속장소로 가겠는가? 큰 꿈을 갖고 있으면 행동에서 주저함이 없게 된다. 그런데 하찮은 꿈을 꿀 경우에 행동에 주저함을 가져 온다. 정상은 항상 비어 있다. 그 정상은 항상 큰 꿈을 꾸는 자들의 것이다.

셋째, 구체적인 비전을 만들어라. 눈으로 생생하게 그릴 수 있는 구체적인 비전이 필요하다. 예를 들면 부자가 아니라 1,000억 부자, 좋은 대학교가 아니라 하버드대학교 등의 구체적인 비전을 그리는 것이 중요하다.

넷째, 비전은 반드시 글로 써라. 앞에서도 보았지만 머릿속으로만 그리는 것이 아니라 반드시 글로 쓰는 것이 중요하다. 글로 써서 액자에 넣어서 가장 잘 보이는 곳에 붙여 둔다. 다섯째, 비전을 이미지화 하라. 글로 써 놓은 것을 그림으로 그리든지 이미지로도 나타내는 것이 중요하다. 예를 들면 자신의 비전을 그림으로 그려 놓는 것 등이 필요하다. 1,000억의 부자가 살고 있는 집이나 정원의 그림이나 하버드 대학교의 그림을 보일 수 있는 곳에 붙여 둔다.

여섯째, 비전을 경험하라는 것이다. 1,000억의 부자가 살고 있는 집에 가 보는 것이다. 하버드대학교에 입학하라고만 하지 말고 직접 그 학교를 방문하게 하는 것이다. 이것이 바로 비전을 경험하게 하는 것이다. 이렇게 할 때 자신의 비전을 달성하는 데 매우 도움이 된다.

조직의 리더가 방향을 어떻게 설정하느냐에 따라 회사 운명이 좌우되는 경우가 많다. 그만큼 비전이 중요하다. 그러므로 훌륭한 리더는 올바른 비전을 설정할 수 있는 능력, 이를 조직 구성원에게 전파할 수 있는 능력, 마지막으로 비전을 실행에 옮기는 능력을 갖추고 있어야 한다. 최고경영자가 여섯 번을 얘기해야 종업원이 비전을 기억하게 된다고 할 정도로 비전의 공유와 실천은 어려운 과제다.

비전의 실현 가능성을 높이기 위해서는 그 설정 단계에서부터 조직원이 참여할 수 있도록 하여 비전이 전체 조직원의 공통된 열망이 될 수 있도록 해야 한다. 비전이란 미래의 바람직한 모습이다. 따라서 비전에 관한 능력을 키우기 위해서 미래 환경의 변화, 특히 과학기술의 발전이 가져올 미래의 변화를 꿰뚫어보는 통찰력을 길러야 하며, 꿈과 현실의 차이를 냉정하게 인식하고 현실에 입각한 경영을 할 수 있는 현실 감각도 함께 갖추어 나가는 능력을 키워야 괜찮은 나를 만들 수 있다.

‖ 비전 사례 1 ‖

나는 2039년 퇴사하기 전까지 회사에 나의 모든 역량과 열정을 발휘하고 꾸준한 개발을 통해 000에서 가장 존경 받고 인정받는 엔지니어가 되겠다. 퇴사 후에는 그 동안 회사에서 배운 기술과 노하우를 토대로 전기엔지니어링 전문회사를 창업하여 000과 함께 000의 설비 자동화에 적극적으로 참여하겠다. 회사경영을 통해 얻어지는 이윤에 일정액을 지역사회의 저소득층 지원과 전문엔지니어 양성에 기부하겠다.

‖ 비전 사례 2 ‖

나의 사명은 산업교육 및 컨설팅을 통하여 기업의 성과를 향상시키는 것이다. 나는 이 사명을 달성하기 위하여 2020년까지 산업교육 분야에서 베스트셀러 책을 두 권 출간할 것이며, 직원 30명 규모의 연매출 50억 이상을 달성하는 회사를 만들 것이다.

‖ 꿈의 징표 ‖

미국의 유명한 해군 제독 중 니미츠가 있었다. 니미츠가 소위로 근무하던 어느 날이었다. 당시 해군 대장이 소위 니미츠가 근무하던 함대를 방문하였다. 중요한 행사에 참석해야 되는데 갑자기 대장의 계급장을 사용할 수 없게 되었다. 그래서 대장은 전 함대에 "혹시 대장 계급장을 가지고 있는 자는 즉시 신고할 것. 급히 구함."을 지시했다. 그러나 그 함대에서는 대장급 장군이 없었기 때문에 큰 기대는 하지 않았다.

그런데 작은 함정에서 대장 계급장이 있다는 연락이 왔다. 행사를 무사히 마친 대장은 누가 그 계급장을 가지고 있었는지 궁금했다. 그는 바로 햇병아리 소위 니미츠였다. "어떻게 소위가 대장 계급장을 가지고 있었나?" "옛! 제가 소위로 임관할 때 애인에게서 선물로 받은 것입니다." "정말 대단한 애인을 두었군. 열심히 노력해서 대장이 되게!" 실제로 니미츠는 많은 전공을 세워 대장이 되는 꿈을 성취했다.

니미츠가 소위 시절 갖고 있었던, 대장 계급장은 니미츠에게 어떤 의미였을까? 니미츠의 대장 계급장은 그가 많은 전공을 세울 때 많은 어려움을 극복할 때 그와 함께 했을 것이다. 어떻게 보면 아주 사소한 마스코트 하나가 그 사람의 성공의 상징이 되기도 한다. 당신은 꿈이 있는가? 당신은 당신의 꿈을 구체화하여 문서의 형태로 갖고 있는가? 혹은 이런 징표를 갖고 있는가? 없으면 지금 문서로 만들고 지금 꿈을 달성하기 위한 징표를 만들어라.

‖ 쌍 기역(ㄲ)을 통한 인생관리 및 비전관리 ‖

첫째 꿈(희망)

둘째 끼(능력)

셋째 꾀(지혜)

넷째 깡(인내)

다섯째 깸(열린 사고)

여섯째 끈(인간관계)

일곱째 꼴(외모)

여덟째 꾼(전문성)

마지막 아홉째는 끝(마무리)이 좋아야 한다.

이중 아홉 가지 모두를 갖고 있으면 꿀, 다섯 개를 갖고 있으면 꽥, 세 개 이하면? 꽝

24

자식에게 All in하지 말고 자신에게 All in하라

인생의 몇 가지 법칙

인생에는 1·1·1법칙이 있다. 사람은 한번 태어나서 한번 살고 한번 죽는다. 두 번 태어나서 두 번 살고 두 번 죽는 삶은 없다. 두 번 태어나서 두 번 살고 두 번 죽을 수 있다면 한번은 신나게 놀고 아무렇게나 살아가다가 죽고 난 후 다시 나머지 한번만 잘 살면 된다. 그러나 인생은 그렇지 않다. 그러기 때문에 우리는 인생을 매우 신중하게 생각하면서 잘 살아야 한다.

30·30·30법칙이 있다. 이 30법칙은 30세까지는 부모님이 나를 책임져 주고 30년은 내가 내 삶을 책임지면서 살고 나머지 30년은 자식들이 나의 삶을 책임져 주어야 한다. 그러나 현실적으로 보면 나머지 30년을 우리의 자식들이 책임져 줄 수 있을 것인가? 결론은

없다. 왜냐하면 나머지 30년을 자식들이 책임져 주고 싶어도 구조적으로 책임질 수 없게 된다는 것이 문제이다. 과거에 우리 부모들은 자식을 여러 명 낳았다. 그 중에 한 명이 잘 되면 부모님을 책임져 주면 되었다. 그러나 요즘은 자식을 한 명 또는 두 명 낳는다. 만약 자식을 한 명 낳는다고 한다면 그 한 명이 몇 명을 책임져야 하는가? 본인, 배우자, 자식, 부모, 배우자 부모 총 7명을 책임져야 한다. 그런데 혼자 벌어서 7명을 책임질 수 있는가? 쉽지 않다. 그렇기 때문에 나머지 30년을 책임지는 것이 어렵다. 그렇다면 어떻게 살아야 하는가?

자식에게 All In하지 말고 자신에게 All In하라

첫째, 자식에게 All in하지 말라는 것이다. 자식에게 모든 것을 다 투자하는 것이 첫 번째 바보이다. 능력이 안 되는데 옆집에서 과외하니 과외 시키고, 유학 보내고, 자식이 원하는 것 다 해주는 부모가 첫 번째 바보이다. 물론 능력이 되면 좋지만 그렇지 않을 경우 자식에게 모든 것을 다 투자하는 것은 바람직하지 않다는 것이다.

둘째, 동산, 부동산을 죽기 전에 다 물려주는 부모는 바보이다. 왜냐하면 동산 부동산을 다 물려주면 자식들이 자주 찾아오겠는가? 잘 찾아오지 않을 것이다. 셋째, 늙어서 큰 집으로 이사가는 사람은 바보이다. 나이 들어서 두 명이 살 경우 굳이 큰 집이 필요 없다는 것이다. 그럼에도 불구하고 자식들이 찾아오면 집이 좁을 것 같아 큰 집을 고집하는 사람들이 세 번째 바보이다.

그러면 어떻게 살아야 하는가? 첫째, 자식에게 All in하지 말고 자신에게 All in하라는 것이다. 노후 준비를 착실히 하라는 것이다. 생애설계를 잘 하여 늙어서 자식에게 손을 벌리지 않을 정도로 준비해 두는 지혜가 있어야 한다. 자식에게 들어가는 비용을 줄여서라도 노후 준비를 해 두는 것이 결국 자식에게 All in하는 것과 똑같다는 것이다.

늙어서 용돈이나 병원비 등을 자식에게 자꾸 요구하면 어떤 자식이 좋아하겠는가? 둘째, 동산 부동산을 물려주지 말고 유서로 남겨둔다. 그래야만 자식들이 부모님께 자주 찾아오게 된다. 미리 재산을 다 물려주면 그 재산 때문에 자식들이 열심히 일을 하지 않을 수 있다. 그리고 부모님이 갖고 있는 재산은 모두 다 자식들에게 노출하지 말고 숨겨둔 재산이 있어야 한다.

부모님의 재산 상태를 다 알고 있을 경우 재산이 많으면 자식들은 조금 힘들면 부모님 재산에 의지하기 때문에 적당하게 알려줄 재산만 자식에게 알려 주고 비밀재산을 남겨 두는 것도 지혜이다. 그리고 나이 들면서 집은 크게 넓히지 말고 노부부가 살기에 편한 집을 선택하는 것이 중요하다.

이렇게 한 후 자식들이 부모에게 찾아오면 절대 집에서 식사를 하지 말고 최고로 좋은 음식점에서 외식을 한다. 외식을 한 후 자식들에게는 자식관람료로 용돈을 적당히 주고 손자들에게도 손자 관람료를 적당히 주면 자식들이 부모에게 찾아오게 된다.

그렇지 않겠는가? 이렇게 할 경우 부모님 집에 가는 것이 즐겁지 않는가? 부모님 집에 가면 외식도 하고 용돈도 받고 그리고 동산 부동산 물려받을 것도 있기 때문에 효도하기 싫어도 효도를 하게 된다. 이렇게 사는 부모가 현명한 부모이다. 이렇게 되면 자신에게 All in한 것이 결국 자식에게 All in한 것이 된다.

25

나를 망하게 하는 일

성공적인 삶을 위해 고민해야 할 일

나를 파괴시키는 것은 많다. 나를 파멸로 이끌지 않게 하기 위해 다음 내용을 생각해 보아야 한다. 첫째, 노동 없는 부(富)다. 열심히 노력하지 않고 부를 창출하는 행위다. 부를 창출하기 위해 노력해야 한다. 성경에도 나와 있다. 시편 126편에 보면 눈물을 흘리며 씨를 뿌리는 자는 기쁨으로 거두리로다. 불로소득의 대표적인 것이 도박, 땅 투기 등에 대한 집착이다. 노력을 하여 대가를 얻는 정신을 가져야 한다.

둘째, 양심 없는 쾌락이다. 부가 창출되면 쾌락을 즐기려고 한다. 재미와 흥미는 추구해야 한다. 그러나 그 재미와 흥미가 사회가 용납한 범위를 벗어나 신나는 일이 뭐 없을까를 찾다 보니 마약과 같은 말초적인 것을 찾게 된다. 양심의 가책 없이 자기 쾌락만을 추구한다. 쾌락은 우리에게 행복을 주지 않는다. 사람에게 쾌락 적응이란 것이 있다. 긍정적 부정적 경험을 하고 난 후 다시 평상시 감정으로 돌아가는 것을 말한다. 예를 들면 자동차를 새로 사면 처음에는 매우 행복해 하지만 조금 지나면 평상시 감정으로 되돌아간다. 즉 ~~~만 생기면 행복할 것 같은데 착각이다. 또한 행복의 착각 중 초점오류(천국오류)가 있다. 이는 한가지 특성을 강조하여 전체를 보지 못하는 오류이다. 예를 들면 시골에 가서 살면 아주 평온하고 좋을 것 같지만 그곳에는 벌레들도 많고 거름냄새 등 우리를 행복하지 못하게 하는 것이 있다. 성공한 사람이 행복할 것 같지만 그 사람 이면에 불행한 요소가 많이 있다. 이것을 보지 못하는 것이 초점오류 또는 천국오류다. 행복이란 내가 원하는 길을 가고 있다고 생각하고 그 가는 과정이 즐겁다고 느끼면 행복하다. 즉 내가 하고 있는 일이 내가 원하는 것이며 그 일을 하며 즐겁다고 느끼면 행복한 사람이다.

셋째, 인격 없는 지식이다. 무식한 사람이 용감하다는 말이 있다. 그러나 이것보다 더 안 좋은 것은 아는 것을 제대로 활용하지 못하는 것이다. 너무나 많이 알고 있는 지식을 갖고 나쁜 짓을 하는 것은 엄청나게 많다. 대표적인 것이 해킹이다. 해킹하려면 지식이 많아야 한다. 그 지식을 올바르게 사용하지 못한다. 지식이 많은 것도 중요하지만 인격이 뒷받침 되어야 한다.

아빠가 아들에게 심부름을 시켰다. 목욕탕에 사람들이 많은지 알아보고 오너라. 아들이 아빠에게 말했다. 사람들이 아무도 없어요. 그런데 아빠가 목욕탕에 가니 사람들이 너무 많았다. 집에 와서 아들에게 왜 거짓말을 했느냐고 물었다. 아들은 목욕탕에 가는 도중에 길에 사람들이 다칠 만한 것이 많은데 아무도 그것을 치우지 않았다는 것이다. 사람이 해야 할 일·도리를 하지 않아서 사람으로 보지 않았다는 것이다.

넷째, 윤리 없는 비즈니스다. 이익추구를 위해 수단·방법을 가리지 않는 비즈니스가 많이 있다. 요즘 공정사회, 동반성장과 같은 단어가 우리사회 화두이다. 그렇다. 동반성장해야 한다. 조직의 성과달성을 위해 윤리경영은 안중에도 없다. 윤리경영은 직원들만 하는 것으로 판단한다. 경영자가 해야 한다. 협력업체와의 상생관계가 이루어져야 한다.

다섯째, 희생 없는 믿음생활이다. 종교는 참 좋다. 나의 생을 평안하게 해준다. 죽음에 대하여 두렵지 않게 한다. 삶을 올바르게 이끈다. 그러나 이러한 종교적인 생활도 희생과 양심이 없는 종교는 종교의식으로 전락한다. 종교의 진정한 능력을 잃어버리게 된다. 철저히 봉사하고 희생하며 자신을 낮추어야 한다. 그럼에도 불구하고 믿음 생활 하는 사람들도 아집과 독단, 섬김 받는 자리, 세상의 권력 등에 휘둘리고 있는 것을 보면 매우 안타깝다.

3장

듣는 귀 · 말하는 입

26

소통(疏通)하라! 통(通)해야 通한다. 안 通하면 통(痛)한다

내 마음대로 판단

박수 한번 시작! 이렇게 말하면 과연 청중들은 박수를 몇 번 칠 것인가? 박수 한번 치는 사람과 박수 세 번 치는 사람이 있다. 분명히 박수 한번 시작!이라고 말했는데 왜 청중들은 세 번을 칠까? 이미 세 번 치는 것이 습관화 되어 있기 때문에 박수 한 번 치라고 해도 세 번 친다.

홍부 놀부 전 아시죠? 홍부가 형님 놀부 집에 밥을 얻으러 갔는데 밥은 얻어오지 못하고 형수님에게 매 맞고 왔죠? 매 맞은 이유가 있다. 매 맞은 이유는 이렇다. 홍부가 형수님 집에 가서 밥을 얻으려고 하는데 형수님이 홍부가 와도 아는 체를 하지 않았다. 그러자 홍부는 형수님 옆에서 계속해서 형수님! 흐 흐 홍분데요 흐 흐 홍분데요.라고 말했다는 것이다. 듣고 있던 형수님이 나보고 홍분된다고? 이놈이 하면서 밥 대신 매를 주었다는 유머가 있다. 이 유머에서도 홍부는 어떻게 말해야 하는가? 형수님 홍부 왔습니다라고 표현해야 하는데 잘 못 표현하여 이렇게 된 것이다. 그 후 다시 홍부가 형수님에게 밥 얻으려 왔는데 다시 형수님에게 매를 맞았다. 그 이유는 밥 달라고 형수님에게 사정(?)했기 때문이다. 유머다.

의사소통에서 가장 중요한 상호이해

의사소통이란 무엇인가? 베를슨(Berelson)과 스테이너(Stainer)는 기호, 언어, 그림, 도형, 도표 등을 사용하여 사상들을 전달하는 행위나 과정이라고 하였다. 조지 밀러(George Miller)는 의사소통이란 정보가 한 장소에서 다른 장소로 전해지는 것이라고 정의하고 있다. 종합하면 상호 공통적인 상징체계를 이용하여 정보를 전달하고 이해하는 것이다.

여기서 중요한 것은 상호 이해이다. 상호 이해가 되지 않을 경우 위와 같은 사례가 나온다. 상호 이해가 되지 않으면 의사소통은 제대로 되지 않는다. 상호 이해가 되지 않으면 모두 내 마음대로 생각하고 내 마음대로 판단하고 내 마음대로 해석하기 때문에 문제가 발생한다. 왜냐하면 사람은 다 개인 차이가 있기 때문이다.

상호 이해가 잘 되기 위한 방법

상호 이해를 하기 위해서 어떻게 해야 하는가? 대화를 해야 한다. 대화를 잘 하기 위해서는 권위의식을 버려야 한다. 그래야 대화가 되고 대화가 되어야 상호 이해가 된다. 그리고 상대방과 관계가 좋아야 한다. 권위의식이 아무리 낮아도 그 사람과 관계가 좋지 않으면 대화를 꺼려한다. 반면 권위의식이 높아도 관계가 좋으면 비밀스러운 이야기도 다 하게 된다. 그래서 소통이 잘 되기 위해서 관계가 중요하다.

여기서 문제를 내 보겠다. 서울에서 부산으로 휴가 가면서 수박을 4통 샀다. 부산으로 내려가면서 반을 먹고 서울로 올라오면서 반을 먹었다. 모두 몇 통 남았을까? 어떤 사람은 아무것도 안 남았다. 또 어떤 사람은 1통 또 어떤 사람은 3통 등 다양하게 답이 나올 것이다. 그러나 이 문제만 보았을 때는 답을 알 수 없다. '모른다'가 정답이다. 왜냐하면 여기서의 반은 어떻게 생각하느냐에 따라 답이 다양하게 나올 수 있기 때문이다.

그러므로 반에 대한 대화가 필요하다. 그런데 만일 권위의식을 갖고 있는 사람에게 반에 대하여 물어 보았다고 가정해 보자 대답하는 사람이 권위의식을 갖고 당신은 반도 모르냐고 면박을 주면 다음부터는 그 사람과 대화를 잘 하려고 하겠는가? 그러면 그 사람과 소통이 잘 되겠는가?말이다. 그래서 소통이 잘 되기 위해서는 대화가 많이 필요하고 대화가 잘 되기 위해서는 권위의식을 버려야 하고 상대방과 관계가 좋아야 한다.

27

바람직한 대화 방법

대화할 때 중요한 요소

일반적으로 올바른 의사소통을 하는 방법은 첫째, 좋은 인상을 갖는 것이 바람직하다. 좋은 인상이 왜 중요하냐 하면 이야기를 하는데 옆에 가까이 가기 싫을 정도로 냄새가 난다든지 하면 제대로 이야기 하고 싶겠는가? 이미지 관리를 하는 것도 좋은 방법 중의 하나이다. 점심 식사 때 파와 마늘을 잔뜩 먹고 "여러분"하면 어떻겠는가?

둘째, 상대방을 향하고 시선을 맞춘다. 의사소통 출발점은 상대방 눈을 보면서 이야기 하는 것이다. 대화 하는데 상대방 눈을 보지 않고 말하면 통하지 않는다. 남녀가 눈이 맞았다는 표현은 무슨 뜻인가? 두 사람이 통했다는 뜻이다. 통하려면 눈이 마주쳐야 한다. 멋있는 사람이 지나가면 쳐다보지 않는가? 왜 쳐다보는가? 눈 한번 마주치려고?

그럼 왜 눈을 마주치려고 하는가? 통하기 위해서이다. 대화를 할 때에는 반드시 눈을 마주치면서 이야기해야 상대방과 통할 수 있다.

셋째, 무엇을 말하고 있는지? 무엇을 말하려는지? 집중해서 들어주어야 한다. 집중하지 않으면 모두 내 마음대로 듣고 내 마음대로 해석한다. 예를 들면, 텔레비전에서 "이번에 개판된 프로그램을 안내해 드리겠습니다."라고 하더라도 모두 "이번에 개편된 프로그램을 안내해 드리겠습니다."라고 듣는 경향이 있다는 것이다. 또 "이번 부산 때 설날 다녀오셨습니까?"라고 하더라도 아 이번 설날 때 부산 다녀오셨습니까? 라고 듣는다는 것이다. 집중해서 듣지 않으면 이런 결과가 발생한다.

넷째, 잘 듣고 있다는 신호를 보낸다. 고개를 끄덕인다든지, 맞장구를 친다든지, 눈을 마주치는 것이다. 대화에는 1, 2, 3화법이 있다. 1분간 말하고, 2분간 듣고, 3분간 맞장구친다. 호응을 잘 해 주는 것이다. 상대방이 내 말에 호응을 잘 해 주면 그 사람에게 호감을 갖는다. 그럼에도 불구하고 다른 사람이 말할 때 딴 짓을 하는 사람들이 많이 있다. 남자들 보다 여자들이 호응을 더 잘 해 준다.

그러므로 여자들 같은 경우에는 전화를 2시간 3시간 동안 한다. 그러면서 전화 끊을 때 자세한 것은 만나서 이야기 하자고 한다. 2시간 3시간 동안 이야기해 놓고 자세한 것은 만나서 이야기 하자는 것은 또 뭔가? 여자들은 호응을 잘 해 주기 때문에 대화가 잘 된다. 그런데 남자들은 만나면 5분 동안 이야기하기가 쉽지 않다. 왜냐 하면 맞장구를 잘 쳐 주지 않기 때문이다. 그런데 남자들도 여자들 보다 더 많은 시간 동안 대화가 가능한 때가 있다. 언제냐 하면 술 마셨을 때이다. 이때는 새벽까지 이야기한다. 왜냐하면 호응 즉 맞장구를 잘 쳐 주기 때문이다.

다섯째, 상대방의 심정을 이해하며 부연하여 설명해준다. 이 말은 상대방이 말한 것 중 첫 번째 말한 내용을 반복해 준 후 이야기하는 것이다. 예를 들면 "오늘 날씨가 참 좋습니다. 우리 밖에서 점심 먹을까요?"했다면 상대방이 말한 첫 문장 즉 "오늘 날씨가 참 좋네요." 라고 말한 후 자기의 의견을 말하는 것이다.

I Message

여섯째, 말의 표현을 잘 한다. 말을 표현하는 방법에는 나 전달법(I Message)이 있다. 나 전달법은 내가 기분이 나쁠 때 올바르게 표현하는 방법이다. 기분이 나쁘거나 화가 났을 때는 ① 사실과 행동을 먼저 이야기하고 ② 나에게 미치는 영향을 말하고 ③ 제일 마지막에 나의 감정을 표현한다. 예를 들면, 거실에서 내가 신문을 보고 있는데 아이들이 장난치고 떠들고 있는 상황일 경우 어떻게 표현해야 좋은가? 첫째, 사실과 행동 즉 아빠가 신문을 보고 있는데 너희들이 떠들고 장난치면, 둘째, 나에게 미치는 영향 즉 아빠 신문 보는데 지장 있지! 셋째, 감정 즉 아빠 화나게 하지 말고 조용히 해. 이렇게 표현하는 것이 나 전달법이다. 그런데 대부분의 사람들이 화가 나면 욕이나 주먹부터 먼저 나간다. 나 전달법을 가르쳐 주더라도 욕부터 즉 감정부터 먼저 말하게 된다. 그래서 상대방과 좋은 대화가 오가지 못한다.

올바르게 나 전달법으로 말하기 위해서는 우선 화를 다스리는 방법을 먼저 알아야 한다. 화를 다스리는 방법은 첫째, 화난 장소를 빨리 피한다. 우선 화가 나면 화난 장소를 잠깐이라도 벗어나는 것이 좋다. 화장실을 가거나, 1분이든 2분이든 빨리 그 장소를 벗어난다. 둘째, 그 장소를 벗어나면서 나의 이기적인 생각을 버린다. 이기적인 생각을 버리게 되면 표현도 나 전달법으로 표현하기 쉽다.

28

말 通하는 방법

의사소통의 문제

말을 주고받을 때 가장 중요한 것이 상호 이해이다. 상호 이해가 되지 않으면 문제가 발생한다. 왜냐하면 개인은 모두 다 차이가 있기 때문이다. 개인 차이가 있기 때문에 상호 이해가 되지 않을 경우에는 모두 내 마음대로 생각하고 내 마음대로 판단하고 내 마음대로 듣는다. 그러므로 말이 잘 통하지 않게 된다. 의사소통의 문제에는 크게 5가지가 있다. ① 전달하는 사람의 문제 ② 듣는 사람의 문제 ③ 내용의 문제 ④ 피드백하는 과정에서의 문제, ⑤ 상황과 관련되는 문제 등이다.

첫째, 전달자의 문제가 있다. 말하는 사람의 문제이다. 말하는 내용과 말하는 방법을 다르게 전달하면 말의 내용 보다는 말하는 방법이 의사소통에 더 큰 영향을 미친다. 예를 들면 언어적 내용이 '만나서 기뻐요. 반갑습니다.'라고 말할 경우에는 비언어적 내용도 목소리가 부드럽고 미소를 지어야 한다. 그런데 언어적 내용이 '만나서 기뻐요, 반갑습니다.'라고 하는데 비언어적 내용은 목소리가 차갑고 얼굴 표정이 굳어졌다고 생각해 보라. 전혀 만나서 반갑지도 않고 기쁘지도 않다고 생각할 것이다.

말을 할 때에는 ① 언어적 내용과 비언어적 내용이 일치되게 전달하는 것이 중요하다. ② 요점을 정리하고 나서 말한다. ③ 결론부터 이야기한다. ④ 순서를 세워 이야기한다. ⑤ 중요한 부분은 반복한다. ⑥ 천천히, 상대방의 이해를 확인하면서 이야기한다. ⑦ 내용이 길 때는 중간에 정리해 준다. ⑧ 열정을 가지고 이야기한다. ⑨ 의문점은 질문하도록 한다. ⑩ 제스처를 활용한다. ⑪ 여러 가지 매체를 활용한다.

둘째, 수신자의 문제 즉, 말을 듣는 사람의 문제도 있다. 말을 듣는 사람은 잘못된 지각으로 인하여 전달자의 비언어적인 내용을 놓치고 단지 내용에만 반응하거나 자신의 생각이나 자신의 판단으로 상대방의 말을 듣는 경우가 흔히 있다. 자신의 신체적 심리적 불편 때문에 상대방 내용을 선택적으로 듣는 경우가 많이 있다. 말을 들을 경우에는 상대방 입장에서 그 사람의 생각이나 감정 정서나 태도 등을 내 입장에서 듣는 것이 아니라 상대방 입장에서 들어주는 것이 바람직한 대화방법이다. 이것이 바로 적극적 경청이다.

적극적 경청을 잘 하려면?

적극적인 경청을 잘 하려면 FAMILY한다. ① 상대방에게 우호적(Friendly)인 감정을 보여준다. 몸을 상대방이 볼 수 있도록 상체를 끌어당긴 적극적인 자세를 취한다. 대화 내용에 맞는 표정을 지어준다. 슬픈 이야기를 하면 슬픈 표정, 기쁜 이야기를 하면 기쁜 표정을 지어준다. ② 상대방에게 집중(Attention)한다. 즉 상대방과 눈을 마주친다. 시선과 모든 몸의 방향을 상대방에게 집중한다.

③ 진실된 동의(Me too)를 표현한다. 고개를 끄덕여 준다. 이때 마음에서 우러나오게 해야지 습관적으로 고개를 끄덕여 줄 경우에는 역효과를 초래할 수 있다. ④ 입으로 하는 경청(Interest)을 한다. 즉, "아~" "맞아요" "응" 등의 말을 복창한다. 또는 상대방이 말한 내용을 반복해 준다. 특히 첫 문장을 반복해 준다. 또는 상대방이 말한 내용에 대하여 질문을 통하여 대화를 유도한다.

⑤ 호의적인 시선(Look)을 보여준다. 상대방이 말하는 내용과 비언어적인 내용에 대하여 이해한다. ⑥ 상대방의 마음을 진정(You are centered)으로 받아들인다.

말의 내용의 문제

셋째, 말의 내용의 문제이다. 내용 자체가 애매모호하거나 전달하고자 하는 목적이 분명치 않을 경우 의사소통이 제대로 되지 않는다. 말의 내용에 있어서 ① 말을 주고받을 때 탈락되거나 생략된다. 상대방에게 전달할 때 원래의 내용을 생략하거나 빼고 전달하는 경우가 있다. '어제 만났던 좋은 사람 11월 중순에 다시 만나서 지난번 했던 이야기 다시 팀과 논의해서 결정하자고 전해 줘!' 탈락 예) '어제 만났던 사람 11월에 다시 만나서 결정한데' ② 내용이 왜곡된다. 왜곡 예) 어제 만났던 그 사람 11월에 만나서 재검토 한데' 즉, 원래의 내용을 바꾸어 왜곡시키는 경우가 있다.

③ 원래의 내용에 자신의 말을 추가하거나 과장하여 전달하는 경우가 있다. 왜곡 예) '지난번 그 사람 결정한 것 아무것도 없데' ④ 내용을 미루어 추정하여 전달하는 경우가 있다. 왜곡 예) '지난번 그 사람 말고 다른 사람 한번 알아봐야 될 것 같아. 다른 사람 알아봐줘' ⑤ 한정시킨 내용이 절대적으로 받아들여지는 경우가 있다. 왜곡 예) '지난번 그 사람으로 한데'

말의 탈락이나 추론을 방지하는 방법

말의 탈락이나 추론을 방지하는 방법으로는 ① 말하는 내용을 메모하여 전달한다. ② 도표나 그림을 보여주며 설명한다. 말로만 설명할 때 설명을 들은 후 2시간이 경과하면 약 40% 정도 기억을 하는 데 비해 그림으로만 설명할 경우 약 60% 정도 기억하고 말과 그림으로 설명하면 약 90% 정도 기억을 한다는 것이다.

③ 순서를 세워서 상세히 말한다. ④ 상대방이 한 말을 복명복창하게 한다. 복명복창하게 하는 이유는 서로 전달하고자 하는 내용을 확인하기 위해서이다. ⑤ 상대방이 이해하기 쉬운 용어로 전달한다. 자신만의 고유 언어나 비속어 전문용어 등은 가급적 지양하고 상대방이 알아듣기 쉬운 용어로 전달한다. ⑥ 질문을 활용한다. 일방적으로 전달하는 것이 아니라 적절한 질문을 통하여 상호 이해하도록 노력한다.

피드백 문제

넷째, 피드백의 문제도 있다. 말한 사람과 듣는 사람이 말의 내용에 대하여 상호 피드백이 잘못 되어 말의 왜곡현상이 일어나는 경우도 있다. 피드백을 주고받지 않으면 말한 내용에 대하여 어떻게 이해했는지를 알 수 없다. 무엇을 말했고 어떤 내용으로 이해했는지 명확하게 확인하기 위해서 반드시 피드백이 필요하다.

상대방에게 유용한 정보를 주는 것이 피드백이다. 따라서 피드백을 할 때에는 추상적인 것보다 구체적인 내용을 주는 것이 좋다. 올바른 피드백을 주고받는 방법은 SBI방법이 있다. ① 상황(Situation)에 맞는 피드백을 해야 한다. 상대방이 말한 때와 장소에 맞춰서 피드백을 한다. 예를 들면 '지난 목요일 날 발표했던 창의력개발 전문가 과정 그 내용 참 좋았더라! 라고 피드백 한다. 또 그 사람이 말했던 내용을 중심으로 피드백 한다. 우회적 표현은 피한다. ② 상대방이 한 행동(Behavior)에 대해서만 피드백 한다. 그 사람이 한 사실(fact)을 근거로 피드백 한다. 상대방의 인격이나 내가 생각하는 판단을 근거로 피드백을 하지 않는다. 예를 들면 대단히 공격적이다, 화나 있었다, 분석적이다, 대단히 성취적이다, 결정적이다, 흥분되어 있다 등은 모두 사실에 근거한 표현이 아니다. 이런 용어는 피드백 할 때 피한다. 행동에 대한 피드백이란 예를 들면 '발표할 때 시간이 5분 지체되었다.' '말할 때 잘못 표현한 예가 다섯 번 있었다.'

③ 영향(Impact)을 말한다. 결과(result)에 대해 말한다. 제일 마지막에 상대방이 말하거나 행동했던 결과에 대한 나의 생각이나 감정을 표현한다. 예를 들면 '결과적으로 당신이 잘 발표하여 대단히 자랑스러웠다.' '사장님이 그 계획에 대하여 인정해 주었다.' 등 마지막 단계에서 나에게 미치는 영향이나 감정 결과를 말하는 것이다.

다섯째, 상황과 환경의 문제도 있다. 너무 춥거나 너무 덥거나 말을 할 때 주위가 너무 산만하거나 시끄러울 경우에도 의사소통이 제대로 되지 않는다. 또는 상대방과의 불편한 관계이거나 적대적인 관계일 경우에도 대화가 잘 되지 않는다. 그러므로 대화를 할 때에는 상황과 환경을 고려해서 말을 해야 한다. 우리가 사랑을 고백할 때에도 분위기 있는 곳을 선택해서 사랑을 고백하면 성공확률이 높은 것이 바로 이런 예이다. 그래서 이 장소에서 대화가 안 통할 때에는 상황이나 장소를 바꾸어서 다시 한번 하면 통하는 경우가 종종 있다.

29

청중 앞에서 말할 때 떨리지 않는 방법

여러분은 언제 많이 떨리는가?

말을 잘 하기 위해서 어떻게 해야 할까? 우선 대중 앞에서 말을 할 때 떨리지 않게 하는 방법이 있다. 사람이 언제 가장 두렵고 떨리는가? 아마 한 밤중에 호랑이가 내 앞에 나타났을 때, 한 밤중에 누군가가 내 뒤를 미행할 때, 암 선고를 받았을 때 등 여러분들은 언제 가장 두렵고 떨리는가?

어떤 사람은 아내가 샤워할 때, 남편이 샤워할 때, 화장실에서 소변을 볼 때 등으로 대답하는 사람도 있다. 사람이 언제 가장 두렵고 떨리는가?에 대하여 캐나다 토론토 대학에서 조사해 본 결과 대중 앞에 섰을 때 가장 두렵고 떨린다는 대답이 100명 중 60명 정도 나왔다. 그 만큼 대중 앞에 서면 두렵고 떨린다는 것이다.

여러분들은 대중 앞에 서면 떨리지 않을 것 같은가? 만약 내가 사장님 20여 명 앞에서 중요한 보고회를 한다고 하면 여러분들의 심장은 어떨 것인가? 아마 많이 떨릴 것이다. 그렇다면 이 떨리는 부분을 떨지 않고 말하는 방법은 없을까? 있다. 그 방법은 다음과 같다.

대중 앞에서 떨리지 않는 방법

첫째, 많이 떨어본다. 많이 떨어 보면 떨리는 것들을 다 떨어 버리기 때문에 덜 떨린다. 청중 앞에 많이 서 보아야 한다, 청중 앞에 많이 서 보면 자신이 언제 어떻게 떨리는지 알고 대처해 나가는 능력을 키울 수 있다. 실 예로 저는 자식들의 발표력을 향상시키기 위해

주일날 개그 콘서트를 보고 난 후 그대로 따라 해 보게 하는 연습을 시켜 본 적이 있다.

그런데 처음 발표할 때 딸이 "아빠 내 가슴에 손 대봐" 그래서 가슴에 손을 대 보니 가슴이 쿵쾅 쿵쾅 쿵쾅 쿵쾅 등 엄청나게 심장이 뛰는 것을 느꼈다. 청중도 아닌 엄마 아빠 앞에서 발표하는데도 이렇게 심장이 많이 뛰었다. 이 심장 박동수는 아마 호랑이가 아이들 앞에 나타난 그 순간의 박동수와 비슷할 것이다. 이 만큼 대중 앞에 서면 떨린다는 것이다. 그런데 그 떨림을 없애기 위해 다음 주일에도 그 다음 주일에도 계속 연습을 시키니 이제는 가슴이 그렇게 뛰지 않게 되었다. 기회 있을 때마다 청중 앞에 서는 연습을 해야 한다.

둘째, 처음 시작을 준비해서 한다. 청중 앞에 섰을 때 언제 떨리는가? 대부분 처음 시작할 때 많이 떨린다. 그렇기 때문에 처음 시작 말은 외워서 한다. 외워서 시작하되 처음 시작하는 말은 청중을 주의집중시킬 수 있는 말로 세팅 시키는 것이 중요하다.

그렇게 시작하면 덜 떨린다. 예를 들면, 처음 시작하는 말을, 사람이 아침에 깨어나기 위해서는 3가지 운동이 필요하다. ① 우리 몸은 운동을 해야 깨어나고 ② 우리 정신은 미소를 지어야 깨어나며 ③ 우리 영혼은 사랑합니다. 한 마디를 해야 깨어난다는 것이다. 등 청중을 주의집중시킬 수 있는 말을 미리 준비하여 그 준비된 말을 시작하는 말로 하면 덜 떨린다.

셋째, 처음 시작할 때에는 나에게 가장 호의적인 반응을 보여주는 사람과 눈 맞춤을 한다. 대화법에서는 눈 마주침이 중요한데 처음부터 골고루 보면 떨리게 된다. 나에게 시선을 집중하는 사람과 집중하지 않는 사람이 있다. 그런데 집중하지 않는 사람을 보면 더 떨릴 수 있다. 처음 시작할 때에는 나에게 가장 호의적인 반응, 집중을 잘 하는 사람과 눈 마주침을 한 후 마음이 안정되면 골고루 시선을 준다.

넷째, 철저한 준비를 한다. 준비 없이 청중 앞에 서면 떨리게 마련이다. 철저한 준비를 했을 때 덜 떨릴 뿐만 아니라 자신감도 생긴다.

다섯째, 이미지 훈련을 한다. 철저한 준비를 하는데 실제 그 장소에 가서 할 수는 없다. 이미지 훈련은 실제 훈련하는 효과와 거의 비슷한 효과를 낸다고 한다. 그래서 운동선수들이 실제 훈련 못지않게 이미지 훈련을 많이 한다. 말을 잘 하기 위해서는 머릿속으로 말할 내용을 미리 처음부터 끝까지 이미지 훈련으로 연습하면 효과가 있다.

여섯째, 자신감을 갖는다. 철저한 준비와 이미지 훈련을 많이 하면 자신감이 생긴다. 그리고 스스로 잘 할 수 있다는 생각을 반복한다.

일곱째, 복식호흡을 한다. 긴장을 하게 되면 심호흡을 많이 한다. 복식 호흡을 많이 하면 덜 떨리게 된다.

여덟째, 비합리적인 사고방식을 버린다. 비합리적인 사고방식이란 발표를 하거나 청중 앞에 섰을 때 한 번도 실수를 하지 않아야 한다는 생각이다. 사람은 실수할 때도 있다. 단지 실수를 한 후에 어떻게 그 상황을 잘 대처할 것인가를 생각해 두면 오히려 더 잘 말할 수 있다. 청중 앞에 섰을 때 완벽하게 해야 한다는 강박관념은 비합리적인 생각이다. 이것을 버릴 때 더 자연스럽게 말할 수 있다.

예를 들면, 연말 대상 시상식 때 아나운서들이 사회 보는 것과 연예인들이 사회 보는 것에 차이가 있다. 큰 무대에서 아나운서들은 자연스럽지 못한 모습이 종종 눈에 띈다. 그 이유는 아나운서들은 큰 무대에서 실수하면 안 된다는 강박관념이 너무 많이 있기 때문에 표정이나 말투 등이 굳어 자연스럽지 못한 경우가 많다. 그러나 연예인들이 사회 볼 경우 연예인은 실수해도 애교로 봐 줄 수 있다는 생각에 오히려 더 자연스럽게 진행하는 것을 볼 수 있다. 연예인들은 실수 후에도 "아. 제가 너무 큰 무대에 서서 많이 떨리는군요. 애교로 봐 주세요."라고 말하면서 넘어간다. 이렇듯 비합리적인 사고방식을 벗어날 때 오히려 더 자연스럽게 말할 수 있다.

30

말의 부메랑 효과를 기억하라

말의 힘

말에는 힘이 있다. 성경에 보면 하나님이 이 세상을 무엇으로 창조했다고 나오는가? 말씀으로 창조하셨다는 것이다. "하나님이 가라사대 빛이 있으라 하시매 빛이 있었고" "태초에 말씀이 계시니라, 말씀이 하나님과 함께 계셨으니 이 말씀은 곧 하나님이시니라" 등 말씀으로 세상을 창조하셨다. 말에는 이와 같이 힘이 있다. 또한 말 한마디로 사람을 살릴 수도 있고 죽일 수도 있다. 말한 마디로 천냥 빚을 갚는다는 속담이 있지 않은가?

말에는 항상 부메랑 효과가 있다. 내가 좋은 말, 긍정적인 말을 하면 좋은 말 긍정적인 말이 돌아오는데 나쁜 말, 부정적인 말을 하면 나쁜 말 부정적인 말이 돌아온다. 그래서 말은 좋은 말, 긍정적인 말, 사람을 살리는 말을 하여야 한다. 또한 나쁜 말, 부정적인 말, 사람을 죽이는 말을 했을 경우에는 누가 먼저 가장 큰 손해를 보느냐 하면 나쁜 말을 하는 자신이 가장 큰 손해를 본다.

왜냐하면 개XX, 십팔X 등 나쁜 말을 하면 가장 먼저 자기 자신의 뇌와 몸 전체 그리고 입 등이 가장 먼저 개XX, 실팔X가 된 후 그 말이 상대방에게 전달되기 때문에 자신이 60% 이상 먼저 손해를 보고 나머지 40% 정도가 다른 사람을 해치게 된다. 그러므로 결국 좋은 말을 해야 하는 것은 결코 남을 위한 것이기 보다는 자신을 위해서 좋은 말 긍정적인 말을 하는 것이 중요하다.

일본의 유명한 에모토 마사루가 쓴 물은 답을 알고 있다는 책을 보면 똑 같은 물을 같다 놓고 한쪽 물에는 사랑합니다. 감사합니다. 고맙습니다. 등의 말을 한 후 급속도로 냉각시켜 특수 카메라로 물을 촬영하면 물의 결정체가 육각수로 나온다. 반면에 똑 같은 물에 쓸모없는 것, 더러운 것 등의 말을 한 후 급속도로 냉각시켜 특수 카메라로 물을 촬영하면 똑 같은 물인데도 물의 결정체가 육각수가 아닌 찌그러진 결정체로 나온다는 사실은 말이 얼마나 중요한가를 보여주는 좋은 예라고 할 수 있다.

리더의 말 한 마디는 생명을 살릴 수도 죽일 수도 있다.

말 할 때 사람을 살리는 말을 해야 한다. 특히 조직의 리더는 더욱 더 사람을 살리는 말을 해야 한다. 조직의 리더가 말 한마디를 잘 못 했을 경우 그 조직 전체에 영향을 미친다. 팀장이 조직 구성원들에게 "당신 무슨 일을 그 따위로 해. 회사 망칠 일 있어? 내일부터 출근하지 마!"라는 말을 했다고 가정해 보자. 그 말을 들은 구성원은 회사 퇴근 후 소주를 마시던 아니면 그 말을 듣고 그 마음으로 집에까지 간다면 아내에게는 물론 자식들에게도 영향을 미칠 수 있지 않겠는가? 극단적일 경우 마음이 너무 상해 자살할 수도 있을 것이다.

조직의 리더가 자신이 하고 싶은 말을 절제하지 않는다고 생각해 보라. 얼마나 끔찍한 일인가? 조직의 리더가 말 한 마디를 잘못 함으로 인하여 수십 년 동안 쌓아온 명성을 하루아침에 다 잃어버리는 예가 얼마나 많은가? 자신의 명예를 보전하는 것도 중요하지만 다른 사람들에게 미칠 영향을 생각해 보면 특히 조직의 리더는 말을 잘 해야 한다. 감정에 치우쳐서 하고 싶은 말을 다 한다면 일반인들과 무슨 차이가 있는가? 인격이 성숙되지 못하면 나오는 대로 말을 하게 된다.

나는 정말로 말을 잘 하고 있는가? 다른 사람들이 내 말을 듣고 피해를 볼 사람들은 없는가? 생각해서 말을 해야 한다. 말이란 그냥 나오는 대로 하는 것이 아니다. 나오는 대로 해야 할 말은 긍정적이고 사람의 기를 살리고 칭찬하는 말밖에는 없다.

리더의 말은 한 마디로 영향을 미칠 수 있는 것이 한 개인뿐만이 아니라는 사실을 명심하고 또 명심해야 한다. 그 말을 들을 그 사람이 다른 사람에게 또 다른 말을 할 것이고 또 그 말을 들은 상대방은 다른 사람에게 또 말을 할 것이다. 이것이 말의 영향력이다. 평범한 개인의 말 한마디도 중요하지만 내 말 한마디로 영향력을 행사하는 범위가 클수록 말을 조심하고 조심하고 조심해야 한다.

성경에서도 말의 중요성을 여러 곳에서 가르쳐 주고 있다. 성경 잠언 12장 18절 함부로 뱉는 말은 비수가 되지만 슬기로운 사람의 혀는 남의 아픔을 낫게 한다. 잠언 12장 25절 마음속의 근심은 사람을 짓누르지만 좋은 말 한마디가 그를 기쁘게 한다. 잠언 15장 4절 따뜻한 말은 생명의 나무가 되고 가시 돋친 말은 마음을 상하게 한다. 잠언 16장 24절 다정스러운 말은 꿀 송이 같아 입에는 달고 몸에는 생기를 준다. 잠언 22장 11절 깨끗한 마음을 사랑하고 친절하게 말하는 이는 임금의 벗이 된다. 잠언 25장 11절 알맞게 표현된 말은 은쟁반에 담긴 황금사과와 같다. 전도서 5장 7절 꿈이 많으면 헛된 것이 많고 말이 많아도 그러하니 오직 너는 하나님을 경외할지니라.

‖ 이런 말을 삼가는 것이 좋아요 ‖

부정적인 말: 없어요. 안돼요. 몰라요.

핑계 대는 말: 바쁘니까 그렇죠?

무례의 말: 뭐요. 뭐라고요?

냉정의 말: 퇴근 시간이라서 시간이 없어요. 영업시간 끝났어요.

따지는 말: 그건 당신 잘못입니다.

책임회피의 말: 그건 내 소견이 아닙니다.

권위주의 말: 시키면 시키는 대로 해.

무시의 말: 싫으면 관둬.

자기비하의 말: 먹고 살자니 뭐.

패배주의 말: 그런다고 뭐 달라지냐?

속어, 비어, 유행어: 골 때려, 쪽 팔려, 미치겠네, 환장하겠네.

‖ 이런 말은 할수록 좋아요 ‖

마음을 넓고 깊게 해주는 말: 미안해.

사람을 사람답게 해주는 말: 잘했어.

날마다 새롭고 감미로운 말: 사랑해.

화해와 평화를 이루는 말: 내가 잘못 했어요.

봄비처럼 사랑을 쑥쑥 키워주는 말: 당신 생각은 어때요?

모든 것 덮어 하나 되게 해주는 말: 우리는.

31

잘 설득하려면 Pathos, Ethos, Logos를 활용하라

설득하는 방법

상대방을 설득할 때 어떻게 하는 것이 좋은가? 설득을 잘 하기 위한 방법으로 첫째, Pathos의 활용이다. 파토스란 상대방이 내 말에 주의집중할 수 있도록 하는 것이다. 예를 들면, 유머를 활용하거나, 게임을 하거나, 흥미 있는 사례들을 이야기하거나 등 말을 할 때 중간 중간에 재미있는 내용들을 가미하는 것이다.

밥을 먹을 때 우리가 밥만 먹는 것이 아니라 반찬들이 맛있어야 밥을 맛있게 잘 먹을 수 있는 것과 같다. 어떤 사람이 말할 때는 똑같은 내용을 갖고 말을 하더라도 흥미가 있고 재미가 있는데 어떤 사람이 말할 때는 똑 같은 주제라도 졸리고 들을 의욕이 나지 않는 예가 많이 있다. 파토스는 이야기 중간 중간에 재미있고 흥미 있는 내용들을 삽입하는 것이다.

둘째, Ethos의 활용이다. 에토스란 내 자신의 권위나 명성, 학력, 경력, 경험 등을 활용하여 말을 할 때 중간 중간에 넣어서 말하는 방법이다. 그렇게 말을 하면 설득이 더 잘 된다. 예를 들면, 내가 말하고 있는 내용 중 "내가 이 분야만 30년 연구했다. 내 연구결과에 의하면" 또는 "이 분야의 논문만 20편 썼다." 등 자신의 권위를 활용하는 것이다. 그런데 이 에토스를 활용할 때에는 약간 조심해야 한다.

왜냐하면 잘 못 활용하면 자기 자랑만 되기 때문에 중간 중간에 잘 활용해야 한다. 우리 사회에서 '신정아 사건'이 왜 발생하는가? 자신의 경험이나 능력이 출중함에도 불구하고 '학위 위조' 이런 부분들이 왜 일어나는가? '예일 대학교 졸업'했다라고 하면 사람들이 그냥 믿어주는 경향이 있다. 이러한 것을 활용하는 것이 바로 에토스의 활용이다.

대학교수나 강사들은 자신이 하는 말 중 몇 %가 거짓말인가? 약 50% 정도라고 한다. 설득을 하기 위해 사례를 꾸미기 때문이다. 상인들은 60~70% 정도라고 한다. 정치인들은? 몇 %일 것 같은가? 99%이다. 이중 1%는 진실이다. 그 1%는 입에서 나오는 것은 대부분 거짓말인데 숨 쉬는 것만 진실이라는 것이다. 유머다.

셋째, Logos의 활용이다. 로고스는 다른 사람들의 권위나 명성을 빌려서 말하는 방법이다. 즉 "엘빈 토플러 박사에 의하면"이라고 말하면 누가 말하는 것인가? 엘빈 토플러 박사가 말하는 것이다. "통계청 자료에 의하면" 누가 말하는 것인가? 통계청에서 말 하는 것이다. 이렇게 다른 사람들의 권위를 빌려서 말하면 설득력이 배가 된다. 유명한 설교가나 대중연설을 잘 하는 사람들의 말하는 방법들을 분석해 보면 위의 세 가지 모두 다 설교나 연설 내용 중 있다. 한번 확인해 보기 바란다.

설득당하지 않는 방법

설득당하지 않는 방법도 중요하다. 설득당하지 않는 방법으로 첫째, 상대방의 말을 끝까지 듣는다. 들어 보지도 않고 거절하는 것은 관계를 악화 시킨다. 끝까지 들어주면 경청이 된다. 경청을 하였기에 충분히 상대방 말에 귀를 기울였다는 공감의 언어가 생긴다. 둘째, 거절하는 이유를 명확히 설명한다. 안 되는 이유를 객관적 사실적으로 설명하면 된다. 그냥 안 된다고 하면 계속 부탁을 한다. 셋째, 타협한다. 1억 원을 빌려달라는데 500만원만 빌려 준다. 이것이 타협이다. 넷째, 안타까워하며 공감한다. 원하는 것을 들어 주지 못해서 매우 미안하다는 표현을 하면 된다. 이것이 거절의 미덕이다.

32

설득력 있게 말하려면 세로토닌 · 엔도르핀, 다이돌핀을 분비케 하라

설득력 있는 말에는 서론 본론 결론이 있어야 한다.

말에는 서론, 본론, 결론이 있어야 한다. 서론, 본론, 결론을 어떻게 말해야 하는가? 첫째, 서론 또는 처음 도입하는 말의 5분 관리를 잘 해야 한다. 왜냐 하면 처음 도입 5분 관리를 잘 못하면 사람들이 잘 집중하지 않는다.

인상 이론 중 일관성오류 이론이라는 것이 있다. 이것은 사람들이 첫 인상을 결정하는 것은 2-5초 사이에 결정된다는 것이다. 그런데 한번 첫인상을 결정하면 처음부터 끝까지 그 인상을 갖고 가려고 하는 경향이 바로 일관성오류 이론이다. 그러므로 처음 시작을 잘 못하면 끝까지 그 인상을 갖고 가려고 하는 경향 때문에 처음 5분 관리를 잘 해야 한다. 그 처음 5분 관리는 바로 주의집중 하는 말로 시작하는 것이 좋다. 내가 무엇으로 청중들에게 말할 때 주의집중 시킬 것인가는 미리 준비해 두어야 한다.

‖ 도입 5분 관리 사례 1 ‖

"저한테 배정된 시간이 두 시간인데 120분 동안 속강하겠습니다. 신바람나면 30분 정도 더 할 작정입니다."라고 하면 청중들은 눈이 동그래진다. "그런데 무작정 그렇게 하는 것이 아니고 한 10분 20분 정도 해보고 여러분들의 눈치를 살펴보겠습니다. 여러분들의 눈치를 살펴봐서 여러분들이 들을 의사가 없다고 생각되면 저는 바로 끝내겠습니다. 여러분들이 들을 의사가 없다는 표시로 차고 있는 시계를 흔들어주시면 바로 끝낼 겁니다. 그런데 한두 명만 흔들면 절대로 안 끝냅니다. 3분의 2 이상 흔드시면 바로 끝내겠습니다. 만약 한두 명만 흔들면 흔드는 사람만 내보내겠습니다."라고 한 후 "여러분들에게 몇 가지 당부 말씀이 있습니다. 어떤 학습자들은 제 강의에 너무 매료되어 감사하다는 표시로 고개를 깊숙이 숙이시는 분들이 있는데 그럴 필요는 없습니다. 좀 심한 분들은 엎드려 절까지 하는데 전혀 그럴 필요는 없습니다. 감사하다는 표시는 제 강의가 모두 끝났을 때 한번만 해주시기 바랍니다." 등이 바로 5분 관리 내용이다. 이렇게 청중들을 주의집중시킬 수 있는 말을 미리 준비해서 서론을 말하는 것이다.

‖ 도입 5분 관리 사례 2 ‖

인사를 한 후 박수를 치면 "박수 소리가 너무 작은 것 같습니다. 저는 박수 소리가 작으면 말을 안 합니다."라고 하면 박수를 다시 친다. 감사합니다. 이렇게 환영해주시니... 이렇게 시작하는 경우도 있다.

‖ 도입 5분 관리 사례 3 ‖

저는 가르치는 은사가 있습니다. 여러분만 인정하지 않지 다른 데서는 다 인정하고 있습니다. 특히 미국이나 유럽 선진국에서는 다 인정하고 있습니다. 그럼에도 불구하고 인정하지 않는 사람들은 모두 신경정신과에 가봐야 합니다. 여러분들은 정신과에 가지 않으셔도 됩니다. 왜냐하면 눈동자를 보니까 저를 다 인정해주시는 것 같습니다.

‖ 도입 5분 관리 사례 4 ‖

'찹쌀떡 가래떡, 떡볶이 콩떡'을 일단 몇 번 따라하게 한다. 리듬을 타면서 하면 더욱 재미있다. 그런 후 이번에는 '떡'할 때에는 '떡'에만 박수를 치게 한다. 예를 들면 '찹쌀떡(박수) 가래떡(박수) 떡(박수)볶이 콩떡(박수).' 그 다음엔 '떡'에는 말을 하지 말고 박수만 치게 한다. '찹쌀(박수) 가래(박수) (박수)볶이 콩(박수) 이렇게 잠깐의 게임을 한 후 본론으로 들어간다.

‖ 도입 5분 관리 사례 5 ‖

두 사람이 손을 잡고 흔들면서 '멍멍이랑 놉시다. 멍멍이랑 놉시다.' 한 후 서로 마주 보면서 손바닥을 마주친다. 그러면서 '멍짝, 멍멍짝짝, 멍멍멍짝짝짝, 등으로 열 번까지 해 본 후 본론으로 들어간다. 이상과 같이 서론 즉 도입하는 방법들을 잘 연구해서 시작하는 것이 좋다.

둘째, 본론, 전개를 잘하는 방법으로는 매 15분마다 폭탄이 설치되어 있어야 한다. 이 폭탄의 역할을 하는 것이 바로 동영상, 플래시, 유머, 게임, 흥미를 끌 수 있는 사례 등이다. 폭탄이 없는 대중 연설이나 설교나, 강의는 그 자체가 바로 폭탄이다. 사람들은 재미가 없어도 15분 정도는 주의집중이 가능하다. 그런데 15분 정도가 지나면 말하는 사람의 목소리가 일정하고 목소리의 크기도 작고 내용도 지루하다면 졸음이 온다. 그래서 연설이나 강연을 할 때 매 15분 정도마다 폭탄이 설치되어 있어야 한다.

폭탄을 터트리면 조는 사람도 바로 깬다. 사실 연설이나 강연 내용이 중요하지 폭탄이 중요한 것은 아니다. 그럼에도 불구하고 대부분의 청중들은 폭탄을 터트릴 때는 눈이 반짝 반짝 빛나다가 중요한 이론적인 내용이나 좀 지루한 내용을 설명하면 조는 경우가 허다하다. 그래서 폭탄의 역할이 중요한 것이다. 연설이나 강연을 할 때 매 15분마다 폭탄이 설치되어 있으면 재미없는 이론적인 내용도 조는 사람 없이 주의집중을 하게 할 수 있다. 그런데 이 폭탄은 연설내용이나 강연 내용과 관련이 있는 폭탄이면 더욱 좋다.

구 분	결혼 전	결혼 후
사랑의 속삭임	너 없이 못 살아	너 때문에 못 살아
밤길에 무섭다고 할 때	내가 지켜 줄께	너가 더 무섭다
방귀 뀌면	자기, 속이 안 좋아	야, 싸라 싸
감기 들면	약 사 줄까?	가까이 오지 마
때리고 도망가면	자기야 사랑해	잡히면 죽는다

셋째, 결론, 종결하는 방법은 감동적으로 마무리한다. 처음 5분 관리도 중요하지만 마무리 5분 관리도 중요하다. 처음 5분 관리는 주의집중할 수 있는 내용으로 시작하였고, 중간에 폭탄 즉 유머나 재미있는 내용으로 15분 관리를 하였지만 마무리 5분 관리는 감동적인 영상이나 감동적인 문구나 감동적인 말로 끝내 주는 것이 좋다.

세로토닌 · 엔도르핀 · 다이돌핀 분비 방법

편안할 때 나오는 세로토닌이 있다. 잘 알려지지 않았으나 자주 만들어지고 좋은 곳에 갈 때마다, 좋은 소식을 들었을 때. 좋은 음악을 들었을 때, 아주 좋은 경치를 만났을 때 수시로 생산되는 약이다. 마음의 긴장을 없애주고 혈압을 안정시켜주고 잠이 오게 하는 호르몬인 멜라토닌을 분비케 해주고 엔도르핀도 생산케 도와주며 우울증에 탁월한 효과도 있다. 도입할 때 주의집중하면 이 세로토닌이 분비된다.

웃거나 즐거울 때 나오는 호르몬이 엔도르핀이다. 이 엔도르핀은 우리 몸 속에서 생성되는 약으로 웃으면 나오는 희한한 호르몬이다. 배꼽을 쥐고 눈물이 나올 정도로 웃을 때 가장 많이 생산된다. 사람의 엔도르핀은 살 수 없지만 돼지 엔도르핀은 살 수 있다고 한다. 1mg에 2,000만원 정도 한다. 웃으면 되는데 왜 돈 주고 사는가? 엔도르핀 효과는 진통효과가 있다. 모르핀의 200배로 면역력을 증강시킬 뿐만 아니라 스트레스도 해소한다. 특히 NK세포를 증가시켜 암을 줄어들게 하고 심장질환을 없애준다. 전개해 나갈 때 폭탄을 많이 쓰면 엔도르핀이 분비된다.

감동을 받으면 나오는 다이돌핀이 있다. 감동적인 강론을 들을 때, 노래를 들을 때, 성가를 부를 때 나온다. 감동의 정도에 따라 다르게 분비된다. 가슴이 벅차 눈물이 나오며 얼굴은 일생에서 가장 행복한 모습을 띈다. 피부에 닭살이 돋으며 심하면 전율이 오를 때 가장 많이 분비된다. 약효는 엔도르핀의 4,000배 효과가 있으며 어떠한 크기, 어떠한 형태의 암도 없어질 수 있게 할 수 있으며 통증도 순간에 없어지게 하고 모든 괴로움에서 완전히 벗어나게 할 뿐 아니라 죽음의 고통도 벗어나게 하는 대단한 효과가 있다. 결론을 맺을 때 감동적으로 마치는 이유가 여기에 있다.

‖ 감동적인 마무리 사례 1 ‖

"저는 '오늘'이란 말을 좋아합니다. 오늘이란 단어에는 어떤 의미가 있을까요? 오늘이란 어제 죽은 사람들이 그토록 바라던 내일이 바로 오늘입니다. 만약 여러분들이 내일 죽는다고 생각하고 오늘을 산다면 옆에 있는 사람이 나쁜 사람 한 사람도 없고, 떨어지는 먼지도 새롭게 보이고, 이슬 한 방울도 아주 영롱하고 찬란하게 보일 겁니다. 오늘이란 이만큼 소중합니다. 하루하루를 충실히 살아가시기 바랍니다. 감사합니다.

‖ 감동적인 마무리 사례 2 ‖

"우리가 학교 다닐 때 한 번쯤은 네 잎 클로버를 찾아본 경험이 있을 것이다. 네 잎 클로버의 꽃말이 무엇인지 알고 있습니까? 행운입니다. 그런데 세 잎 클로버의 꽃말은 무엇인지 아십니까? 행복입니다. 대부분의 사람들은 행운을 찾고자 하는데, 저는 행운보다 더 소중한 것이 행복이라고 봅니다. 그런데 행복을 옆에 두고서 행운을 좇는 어리석음을 범하는 경우가 많습니다. 지금 여러분 곁에는 행복이 있습니다. 그 행복을 잘 지켜 나가는 것이 더 중요할지도 모릅니다. 오늘 여기서 행복해야 내일 거기서도 행복할 수 있습니다. 모두 다 행복하시기 바랍니다. 감사합니다.

33

갈등대화를 하기 전에 반드시 친목대화를 많이 하라

일상대화 · 친목대화 · 갈등대화

대화가 잘 되면 갈등이 잘 일어나지 않는다. 어떤 사람은 대화하자고 해 놓고 대 놓고 화부터 내는 사람들이 있다. 한 연구 조사 기관에 의하면 의료사고가 일어난 후 환자가 사고 낸 의사와 대화가 잘 되면 법정까지 가는 일이 별로 없다는 것이다.

환자와 의사가 5분간 대화가 안 된다. 그래서 법정까지 간다는 것이다. 환자는 감정이 격해져 있는 상황이고 이 감정을 의사에게 바로 표현하기 때문에 의사도 그 분노의 감정을 다 받아 주지 못하고 서로 격렬한 말다툼으로 이어져서 결국 대화가 되지 않아서 법정분쟁까지 가게 된다는 것이다. 대화는 어느 일방이 밀어 붙이기 씩의 표현은 대화가 아니다.

신혼부부들의 대화를 녹음한 후 어느 부부가 이혼할 확률이 높은가 예측해 보았더니 대화가 잘 되지 않는 부부들의 이혼율이 높다는 결과도 있다. 미안하다. 내가 잘못했다고 스스럼없이 말하는 부부들이 행복하게 오래 산다는 것이다. 자신감이 없거나 열등감이 많은 사람들이 미안하다는 말을 잘 못한다는 것이다.

대화의 종류에는 일상대화, 친목대화, 갈등대화가 있다. 일상대화의 경우 일상적인 내용을 말하는 것이다. 예를 들면 '보고서 언제까지 작성하십시오.' '밥은 먹었니?' '숙제 다 했어?' '어디에서 오는 거니?' 등 일상적으로 하는 표현들이 모두 일상대화이다. 일상대화는 상대방과 정보를 교환하기 위한 대화이다.

이 대화는 주로 사실(fact)과 관련되는 내용을 중심으로 상대방과 대화하는 것이다. 그러므로 이 대화는 감정을 서로 주고받지 않는 것이다. 어떻게 보면 일상대화는 형식적인 대화일 수도 있다. 이런 대화도 필요하겠지만 상대방과의 교감을 형성하고 친목을 도모하는 대화는 아니다.

친목대화는 주로 상대방과 친목을 도모하기 위한 대화이다. 예를 들면 '오늘 아주 멋져요.' '오늘 저녁 같이 소주한잔 할까?' '오늘 기분 어때?' '당신이 최고야!' '사랑해' '고마워' '당신 보고 싶었어?' 등이 친목대화이다.

상대방과의 좋은 관계를 유지해 나가기 위해서는 친목대화를 많이 해야 한다. 평소에 상대방과 친목대화를 얼마나 많이 하느냐에 따라 그 상대방과 관계의 끈을 형성하게 되는 것이다. 친목대화 중 가장 바람직한 것이 상대방을 칭찬하는 것과 격려하는 것이다.

칭찬화법

칭찬할 때에도 방법이 있다. 대담칭찬법의 경우 40대 아주머니에게 "피부가 30대 같다는 것이 아니라. 피부가 10대 같습니다." 또는 "애기 피부 같습니다."와 같이 대담하게 칭찬하는 것이다. 그렇게 칭찬할 경우 기억에 남을 것이다.

단순칭찬법의 경우 "예뻐 보이시네요." "얼굴이 좋아 보이시네요." "건강해 보이십니다."라고 말하는 것이다.

호칭변경칭찬법의 경우 식당에서 아줌마라고 부르기보다 사장님하고 부르는 경우가 바로 호칭변경 찬사법이다. 저자를 부를 때 어떤 사람은 윤 박사님, 윤 교수님, 윤 대표님, 윤 강사님, 윤옥한 씨, 어이, 야!, 이XX야 등 상당히 많이 있다. 상대방이 가장 좋아하는 호칭으로 불러주는 것이 좋다.

감탄칭찬법의 경우 상대방을 보고 감탄하는 것이다. "와! 웅! 어쩐지! 야!"와 같은 찬사법이다.

비유칭찬법의 경우 "김태희 닮았어." "이순신 장군 같아!" "교수님처럼 보여" 등과 같이 비유하여 칭찬하는 방법이다. 비유 칭찬 법으로 칭찬할 때에는 조심해서 해야 한다. 상대방의 기호를 잘 파악해서 해야 한다.

소유물칭찬법의 경우 갖고 있는 소유물 중에서 칭찬하는 것이다. "시계가 아주 세련되어 보이네요." "넥타이가 와이셔츠랑 잘 어울립니다." "양복이 잘 어울려요." 등과 같은 방법이다.

골프칠 때 가장 기분 좋을 때는 언제인가? 홀인원할 때인가? 아니다. 옆 사람이 오비 날 때이다. 내기할 때는 더더욱 그렇다. 표현을 하지 않아서 그렇지, 맞지 않은가? 낚시할 때 가장 기분 좋을 때는? 월척할 때인가? 아니다. 옆 사람이 월척하다 놓쳤을 때이다. 맞지 않은가? 유머다. 대부분의 사람들은 칭찬에 인색하다. 칭찬하는 것도 연습이 필요하다.

칭찬을 하려면?

첫째, 장점은 적극적으로 찾아내어 칭찬한다.

둘째, 칭찬할 때는 야단치는 경우와는 반대로, 공개적으로 칭찬한다. 셋째, 경우에 따라서는 아무렇지 않은 듯 칭찬하거나, 간접적으로 칭찬한다. 넷째, 아무리 작은 일이라도 좋은 점에 대해서는 적극적으로 칭찬해 준다. 다섯째, 말뿐만 아니라 태도나 동작으로 칭찬하는 것도 고려한다. 여섯째, 타이밍을 충분히 고려해서 칭찬한다. 일곱째, 어느 특정한 사람만을 칭찬하는 일이 없도록 주의한다. 여덟째, 자기의 감정을 지나치게 내세우지 않도록 주의한다. 아홉째, 성심성의가 뒷받침 되지 않는 칭찬은 겉치레 말이거나 아첨에 불과하다.

격려 하는 방법

칭찬은 어떤 행위에 대한 반응이다. 칭찬할 행위가 없으면 어떻게 되겠는가? 칭찬할 행위를 찾으라는 것이다. 그 찾는 행동의 결과가 격려이다. 격려는 존재에 대한 믿음이다. 칭찬하는 것이 아니라 그 존재 자체를 인정하고 존재 자체를 인격적으로 대해주는 것이다.

예를 들면 "상호야! 너는 내 아들이라서 아빠는 참 좋다." 이것이 격려이다. 어떤 행동을 해서 좋은 것이 아니라 그 존재 자체가 좋은 것이다. 이것이 격려이다. 칭찬을 많이 해주는 것도 좋지만 격려를 많이 해주는 것이 인격적 관계를 형성하는 데 매우 도움이 된다.

간접화법

갈등이 있을 때 말하는 방법으로 간접화법이 있다. 예를 들면, 금연 구역에서 흡연할 경우 "아니, 여기서 담배를 피우시면 어떡하십니까?" 이렇게 표현하는 것이 아니라 간접화법으로 "저 쪽에 흡연실이 있습니다."라고 하면 간접적으로 여기서 담배를 피워서는 안된다는 메시지를 주는 것이다.

긍정화법도 있다. 예를 들면, "이번에는 학생장이 발표하면 안 됩니다."라고 말하는 것이 아니라, "이번에는 지금까지 발표하지 않은 분 중에서 한 분이 발표하겠습니다."라고 말하는 것이다.

플러스화법도 있다. "이번 시간에는 휴식시간이 없습니다. 대신에 저녁시간을 조금 당겨서 일찍 끝내겠습니다."라고 말하는 것이다.

If화법도 있다. 예를 들면, "손님은 신용이 낮아서 대출해 줄 수 없습니다."와 같이 표현하는 것이 아니라 "손님께서는 신용등급을 조금만 높이시면 바로 대출이 가능합니다." 또는 "이 과장은 왜 매일 지각이야!"와 같이 표현하기보다는 "이 과장은 지각만 하지 않으면 정말 우수한 사원이야. 그렇지?"와 같이 표현하는 것이다.

Yes But화법도 있다. "점심시간에 우리 뭐 먹지? 자장면 먹자 자장면."이라고 대화가 오고 갈 경우 "자장면은 무슨 자장면이야 이런 날씨에!" 이렇게 표현하는 것이 아니라 "자장면 좋지, 이런 날 먹으면 맛이 나지. 그렇지만 오늘은 분위기도 그런데 칼국수 어때?"라고 표현하는 것이다.

야단을 치려면?

첫째, 냉정해졌을 때 야단을 친다. 냉정해지려면 일단 화난 장소를 벗어난다. 그리고 이기적인 생각을 버린다. 그리고 난 후 야단을 친다. 둘째, 많은 사람들이 있을 때 야단을 치기보다는 일 대 일이 되었을 때 야단을 친다. 셋째, 야단을 쳤을 경우 가치 있을 때에만 야단을 친다. 넷째, 솔직하게 사실 중심으로 야단을 친다. 즉 그 사람이 한 행동만 야단을 친다. 야단맞을 행동에 대해서만 야단을 쳐야지 그 사람의 인격을 모독하거나 인간적인 모멸감을 주어서는 안 된다.

다섯째, 신뢰와 격려와 기대와 배려하는 마음으로 야단을 친다.

여섯째, 야단칠 때는 확실하게 혼을 낸다. 어설프게 야단을 치는 둥 마는 둥 하는 것이 아니라 다음부터 야단맞을 짓을 하지 말아야겠다는 생각이 들게끔 야단을 친다. 일곱째, 상대방의 성장을 생각하지 않고 꾸짖는 것은 꾸중이 아니라 화를 내고 있는 것이다.

여덟째, 야단을 치고 난 후에는 반드시 감정을 보살펴준다.

갈등대화는 상대방에게 질책하거나 훈육하거나 상대방과 마찰을 일으키는 대화이다. 갈등대화는 주로 상대방과 의견조정을 위해서 하거나 또는 상대방을 일방적으로 질책할 때 하는 것이다. 갈등대화를 하면 화가 난다. 갈등대화를 잘 하기 위해서 필수 조건이 평소에 친목대화를 많이 해 두면 갈등대화를 하더라도 서로 감정이 다치지 않고 이야기할 수 있다.

평소에 친목대화를 잘 하지 않았더라도 갈등대화를 하기 전에는 반드시 친목대화를 먼저 더 많이 하고 갈등대화를 나누는 것이 바람직하다. 저금통장에 현금이 있어야 찾아서 쓸 수 있듯이 우리의 감정은행 계좌에도 좋은 감정들이 많이 쌓여 있어야 그 좋은 감정들을 꺼내 쓸 수 있다. 그래서 갈등대화를 하더라도 좋은 감정이 많이 쌓여 있으면 갈등이 잘 일어나지 않지만 좋은 감정을 꺼내 쓸 수 없을 때 갈등이 더 잘 일어난다. 감정은행계좌에 좋은 감정이 떨어지지 않도록 자꾸 친목대화로 좋은 감정을 많이 쌓아 두어야 한다.

34

토론을 잘 하는 방법

요지는, 왜냐하면, 예컨대, 그래서입니다.

토론을 잘 하는 방법에는 몇 가지 규칙이 있다. 토론을 잘하기 위해서는 세 가지를 갖추고 있어야 한다. 첫째, 책을 많이 읽고, 경험을 많이 하고, 대화를 많이 해야 한다. 둘째, 대화나 토론의 형식과 절차를 잘 알고 있어야 한다. 셋째, 인생철학, 역사관, 마음 수양이 잘 되어 있어야 한다.

둘째, 대화나 토론의 형식과 절차에 대해서만 생각해 본다. 말하는 방법에는 크게 두괄식과 단계식이 있다. 두괄식이란 결론부터 먼저 말하는 방법이다. 반면 단계식의 경우 서론 본론을 말한 후 결론을 제일 마지막에 말하는 방법이다. 두괄식으로 말할 때는 사람이 많을 때, 시간이 부족할 때, 공적인 자리일 때, 보고할 때 등의 경우 두괄식으로 말한다. 단계식으로 말할 때는 사람이 적을 때, 시간이 많을 때, 사적인 자리일 때 등이다.

두괄식으로 말하지 못하는 이유는 무용담을 자랑하고 싶거나, 아는 것이 많아서 청자를 무시하고 있는 사람, 가슴에 맺힌 한이 많거나, 매사에 진지한 사람, 분명하게 말하면 싸우게 될까봐 핑계 대는 사람, 시간을 끌어 진실을 감추기 위해, 준비가 부족하여 정리가 안 되었거나 주위가 산만한 사람의 경우 두괄식으로 잘 말하지 못한다.

두괄식으로 말하는 방법에는 두 가지가 있다. 첫째, 요지는, 왜냐하면, 예컨대, 그래서와 같이 말하는 방법이 있고, 둘째, 두 가지만 말씀드리겠습니다. 세 가지만 말씀드리겠습니다와 같은 방법으로 말하는 것이다. 두괄식으로 말하는 방법 중 첫째 경우 ① '요지는' 동기적 논쟁을 먼저 말하는 방법이다.

즉 제 결론은 이것입니다라고 말하는 것이다. 이것은 자신의 주장이나 의견을 분명히 말하는 것이다. ② '왜냐하면'은 본질적 논쟁이다. 즉, 주장의 이유나 근거를 말하는 것이다. ③ '예컨대'는 권위적 논증이다. 이는 사례와 증거를 제시하는 것이다. ④ '그래서'는 마지막으로 주장의 결론을 내는 단계이다. 이상과 같은 입론 준비를 잘 해야 한다. 그 다음으로는 교차질문 조사 목록을 작성하는 것이다. 교차질문이란 질의와 심문과 질문이 있다. 질의란, 사실을 확인하는 것이고, 심문이란, 사실을 계속 조사하는 것이고, 질문이란, 의견을 파악하는 것이다.

이러한 교차질문을 상대방에게 어떻게 할 것인가를 미리 준비해 둘 뿐만 아니라 상대방이 나에게 이러한 교차질문을 할 것에 대하여 준비해 두는 것이다. 이렇게 할 때 상대방과의 논쟁에서 이길 확률이 높다.

둘째의 경우 여러 가지를 몇 가지로 종합하여 아무리 복잡해도 두세 가지로 묶어야 하는 종합적 사고능력이 필요하다. 또한 한 가지를 가지고 두세 가지로 말하는 분석적 사고능력이 필요하므로 "두 가지만 또는 세 가지만 말씀 드리겠습니다."라고 표현하는 것이 좋다. 단계식으로 말하는 방법으로는 문제, 원인, 계획의 3단계 방식이나 서론, 본론, 결론의 3단계 또는 기, 승, 전, 결의 4단계, 도입, 진술, 논증, 반론, 결론의 5단계 등이 있다.

그런데 두괄식으로 말해야 하는데 단계식으로 말할 경우에는 지루하며, 단계식으로 말해야 하는데 두괄식으로 말할 경우 생뚱맞다.

‖ 랭거의 실험 ‖

미국의 여성 사회심리학자인 랭거(Langer)의 실험 예다. 도서관에서 복사하기 위해 줄을 서서 사람들이 기다리고 있다. 늦게 온 사람이 앞 사람의 양보를 얻어 내기 위한 방법에 대한 실험이다. 실험 내용은 첫째, "죄송합니다. 제가 먼저 하면 안 될까요?" 하고 한 결과 60%의 양보를 얻었다. 두 번째, 그냥 "죄송합니다. 제가 먼저 하면 안 될까요?" 문장은 똑 같이 하고 "왜냐 하면 아주 바쁜 일이 있거든요."라고 '왜냐하면'이란 단어를 넣어서 말한 결과 94%의 양보를 얻었다는 것이다.

이 실험은 상대방을 설득할 때 적합한 이유가 필요하다는 것이다.

더욱 재미있는 사실은 세 번째 실험이다. "죄송합니다. 제가 먼저 하면 안 될까요? 왜냐 하면 지금 복사를 해야 하거든요."라고 논리적으로 맞지 않는 엉터리 문장을 사용하였다. 그 결과는 93%의 양보를 받았다는 사실이다.

이는 두 번째 한 말과 거의 비슷한 실험결과를 나타낸다. 이 결과는 논리성보다 "왜냐 하면"이라는 특정단어가 상대방을 설득하는데 도움이 된다는 사실이다. 설득을 잘 하는데 도움이 되는 단어가 있다. ① 이익이 되는 ② 보장하는 ③ 증명하는 ④ 안전한 ⑤ 쉬운 ⑥ 지금 ⑦ 무료 등의 단어는 상대를 설득하는 데 도움이 된다.

35

성공하려면 목소리를 잘 관리하라

좋은 목소리를 내는 방법

좋은 목소리를 내기 위해서는 다음과 같이 한다. 첫째, 자세를 바르게 한다. 좋은 목소리는 좋은 자세에서 나온다. 자세가 바르지 않으면 목소리가 제대로 나오지 않는다. 좋은 목소리를 내기 위한 첫 번째 훈련은 스트레칭 하는 것이다. 몸 풀기 스트레칭을 한 후 발성 연습을 한다.

몸 풀기 스트레칭을 한 후 자세 풀기로 바로 앉는 훈련을 한다. 다음 입술 풀기를 한다. 입술 풀기 방법은 푸우~~~를 반복 훈련 하는 것이다. 다음으로 혀 풀기 연습을 한다. 혀 풀기 연습은 아르르르~~~~를 반복 연습하면 된다.

둘째, 흉식 호흡을 하지 말고 복식 호흡을 한다. 복식 호흡을 하는 방법은 다음과 같다. ① 숨을 마시고 내 뱉기를 처음 연습할 때는 코로 들이마시고 입으로 내 뱉는다. ② 코와 입으로 동시에 호흡을 들이마시고 입으로 내 뱉는다. ③ 코로 들이마신 호흡을 배로 적당히 힘을 줘서 풍선처럼 부풀린 상태로 배를 잡는다. 10초 정도 속으로 참고 있다가 '스'라는 발음과 함께 윗니와 혀로 '스'라는 소리를 낸다. 그 다음 '예' 다음 '예'~'예'~'예'~'예'~'예'~를 빠르게 끊어주면서 배의 움직임을 느끼면서 연습한다. 다음으로 '아 에 이 오 우' 연습을 같은 형태로 한다. ④ 이런 연습을 한 후 숨을 쉬지 않고 국민교육헌장 등을 어디까지 읽을 수 있는지 연습한다.

셋째, 정확한 발음 훈련을 한다. 첫째 '가 갸 거 겨 고 교 구 규 그 기' 등을 입술에 볼펜 같은 것을 물고 읽는 연습을 한다. 그리고 신문을 매일 10분 이상 큰 소리로 읽어 본다.

넷째, 자신의 목소리를 녹음하여 들어본다.

다섯째, 음성을 생동감 있고 다양하게 한다. 음성의 고저장단을 확인해 본다. 중요한 부분을 이야기할 때는 2초 쉬었다가 말한다. 음에도 색깔이 있다. 즐거울 때는 밝은 목소리, 우울할 때에는 어두운 목소리, 슬플 때는 슬픈 목소리 등 상황에 맞는 목소리가 나와야 한다. 이렇게 하려면 연극이나 영화 등의 대사를 실제 그 상황에 맞게 해 보는 연습을 많이 해야 한다. 또한 말을 할 때 서두르지 않는다. 떨릴 경우에는 말을 천천히 해 본다.

여섯째, 닮고 싶은 목소리를 모방한다. 내가 꼭 닮고 싶은 목소리를 녹음하여 연습해 본다. 말의 속도가 너무 빠르거나 느린 것은 좋지 않다. 너무 빠른 경우 머리 나쁜 사람은 웃지도 못한다. 따라서 고저강약의 리듬, 속도 등을 적절히 조절한다. 말의 속도는 보통 1분에 100~200단어가 적당하다. 가급적이면 표준말을 쓴다. 표준말이 되지 않을 경우에는 강의 시작 전에 본인이 사투리를 쓸 수밖에 없다는 것을 알려주고 미리 양해를 구한다.

일곱째, 좋은 발성법을 배운다. 좋은 발성법으로 좋은 목소리를 내기 위해서는 안정된 상태에서 천천히 명확하게 말한다. 상대방이 듣기 쉬운 장소에서 말한다. 편하게 나오는 목소리로 말한다. 편하게 나오는 목소리로 노래한다. 넓은 곳이나 시끄러운 장소에서 말할 때는 마이크를 사용한다. 반면에 나쁜 발성법으로는 큰 소리로 말하거나 고함을 지르는 것, 힘을 주어 말하는 것, 운동을 하면서 목소리를 내는 것, 흥분하여 말하는 것, 빨리 말하는 것, 시끄러운 장소에서 말하는 것, 피로한 상태에서 말하는 것, 극단적으로 높거나 낮은 소리로 말하는 것, 감기 중에 목소리를 사용하는 것, 이상한 목소리 흉내를 내는 것 등이다.

여덟째, 음성도 관리가 필요하다. 좋은 목소리로 관리하기 위해서는 충분한 수면과 휴식을 취해야 한다. 카페인 음료를 삼간다. 금연할 뿐만 아니라 따뜻한 물을 많이 마시는 것이 도움된다.

‖ 어려운 발음 훈련 ‖

- 들의 콩깍지는 깐 콩깍지인가? 인 깐 공깍시인가? 깐 콩깍지이면 어떻고 안 깐 콩깍지이면 어떤가? 깐 콩깍지나 안 깐 콩깍지나 콩깍지는 콩깍지인데.
- 저기 있는 저 분은 박 법학 박사이고 여기 있는 이 분은 백 법학박사이다.
- 상표 붙인 저 깡통은 깐 깡통인가? 안 깐 깡통인가?
- 간장 공장 공장장은 강공장장이고, 된장 공장 공장장은 공공장장이다.
- 멍멍이네 꿀꿀이는 멍멍해도 꿀꿀하고, 꿀꿀이네 멍멍이는 꿀꿀

해도 멍멍하네.

- 강낭콩 옆 빈 콩깍지는 완두콩 깐 빈 콩깍지이고, 완두콩 옆 빈 콩깍지는 강낭콩 깐 빈 콩깍지이다.
- 한양 양장점 옆 한영 양장점, 한영 양장점 옆 한양 양장점.
- 저기 있는 말뚝이 말 맬 말뚝이냐, 말 못 맬 말뚝이냐.
- 작년에 온 솥 장수는 헌 솥 장수이고, 금년에 온 솥 장수는 새 솥 장수이다.
- 내가 그린 구름 그림은 새 털 구름 그린 그림이고, 네가 그린 구름 그림은 뭉게구름 그린 그림이다.
- 중앙청 창살은 쌍 창살이고, 시청창살은 외 창살이다.
- 사람이 사람이라고 다 사람인 줄 아는가? 사람이 사람 구실을 해야 사람이지.
- 옆집 팥죽은 붉은 팥 팥죽이고, 뒷집 콩죽은 검은 콩 콩죽이다.

이러한 어려운 발음 훈련 외에 다음과 같은 말을 반복하면 말의 뒤틀림이나 꼬임현상을 어느 정도 예방할 수 있다. 즉, '아야어여오유우유으이, 가갸거겨고교구규그기 등과 같은 발음을 입을 최대한 크게 벌리고 중요한 이야기를 하기 전에 몇 번 해보면 도움이 된다. 또한 한번은 젓가락이나 볼펜 등 도구를 입에 물고 처음부터 끝가지 한번 읽어보고 다시 한번은 도구를 빼고 한번 읽어본다. 이러한 연습을 반복하면 정확한 발음을 내는 데 도움이 된다.

36

모르면 물어보고 알아도 질문하라

질문의 중요성

미국 CNN방송 대담진행자인 레리 킹이 가장 잘 사용하는 말은 왜죠? 왜 그렇게 생각하죠?라는 말이다. 한마디로 상대방에게 질문을 잘 한다는 것이다. 쇼 프로그램의 우수한 진행자나 면담을 잘 하는 사람들의 대부분이 이 질문을 잘 활용한다는 것이다. 질문을 함으로써 상대방의 이야기를 이끌어낸다.

내가 모든 말을 다 하는 것이 아니라 상대방이 말을 하게끔 만드는 기술이 바로 질문기술이다. 정신과 의사나 상담하는 사람들의 경우에 환자나 내담자에게 많은 말을 해 줄 것 같지만 상대방 이야기를 많이 들어준다. 상대방 이야기를 들어 주면서 상대방이 말을 하게끔 자꾸 질문하는 것이다. 왜죠? 왜 그렇게 생각하죠? 그 다음엔 어떻게 되었죠? 그럼 어떻게 하면 될까요? 등으로 질문기술이 뛰어나다.

질문을 하면 왜 좋은가? 질문은 상대방으로 하여금 나에게 주의를 집중하게 만든다. 질문함으로써 상대방은 생각을 하게 되고 그 질문에 대답을 해야 하기 때문에 어쩔 수 없이 나에게 집중할 수밖에 없다. 그리고 질문을 하면 흥미를 유발하고, 참여를 시킬 수 있다.

코칭의 핵심은 질문

코칭의 핵심은 질문이다. 왜냐하면 코치는 개개인의 특성을 발견하고 이끌어 주는 사람이다. 코치는 개인이 자아실현을 할 수 있도록 지원하는 것이다. 코치는 ① 모든 사람에게 무한한 가능성이 있다. ② 그 사람의 필요한 해답은 모두 그 사람 내부에 있다. ③ 해답을 찾기 위해서는 파트너가 필요하다는 것을 가정하고 있다.

코칭이란 일방적으로 가르쳐서 하는 것이 아니라 질문을 통해서 스스로 생각하게 하고 본인 스스로 생각해서 스스로 행동하게 한다. 문제가 생기면 질문으로 바꾸어서 가장 기본적인 질문들을 상대방에게 하면 된다. 질문 중 가장 좋은 질문을 알라딘 질문, 기적의 질문이라고 한다. 그 중 대표적인 질문방법 중 GROW 질문이 있다. GROW 질문은 1장의 내용을 참고하면 된다.

리더의 질문 스킬

훌륭한 리더 또한 질문을 잘 활용한다. 업무를 분장하거나 일을 시킬 때에도 그냥 지시형으로 시키는 것이 아니라 질문을 활용하면 도움이 된다. 예를 들면 '이번 교육체계 수립은 누가 맡아서 하는 것이 좋을까?'라고 질문하는 경우와 '이번 교육체계 수립은 김 과장이 맡아서 하지!'라고 말하는 것은 상당한 차이가 있다. 질문을 하면 스스로 알아서 제가 하겠습니다라고 자발적으로 일을 맡을 수 있게 된다. 아무도 대답하지 않을 경우엔 '누가 이 일을 하는 것이 좋은지 상의 한번 해 보지?'라고 또 질문한다. 이렇게 질문을 활용하면 일방적인 지시가 아니라 동기유발을 시켜주는 효과도 있게 된다.

훌륭한 인격자 또한 질문을 잘 활용한다. 윗사람에게 아무것도 물어보지 않고 독단적으로 처리하는 것과 상의하여 처리하는 것은 인간관계에서 상당한 차이가 있다. 예를 들면 며느리가 시어머니에게 '어머님 김장을 어떻게 만들면 맛있어요. 저 잘 못하니까 도와주세요. 어떻게 해야 되요?'라고 물어보면 시어머니는 기분이 좋아서 아마 잘 가르쳐 줄 뿐만 아니라 직접 김장을 해줄 수도 있다. 그런데 어머니가 김장을 해 준다고 해도 '아유 어머니 됐어요. 어머니가 해주는 김장 아무도 안 먹어요.'라고 하면 두 사람 관계는 어떻겠는가? 내가 설령 김장을 잘 할 줄 알고 있더라도 윗사람에게 물어보고 상의하면 윗사람은 기분이 좋아진다.

훌륭한 인격자는 항상 윗사람하고 상의하고 윗사람에게 물어본다. 내가 모시고 있는 분이 힘이 없고 권위나 권력이 없는 소위 말해서 이빨 빠진 호랑이라도 윗사람에게 상의하고 물어 본 후 일을 처리하는 것이 예의다. 윗사람에게 보고하는 것이 아니라 윗사람의 지혜를 구하는 측면도 있고 윗사람을 대접하는 측면도 있다.

개방적 질문과 폐쇄적 질문

상대방과 원활한 의사소통을 하기 위해서는 질문 중 폐쇄적인 질문보다는 개방적인 질문을 하는 것이 바람직하다. 폐쇄적인 질문이란 Yes나 No로 대답할 수밖에 없는 질문이다. 예를 들면 '지난 주말 잘 보냈습니까?' '통증이 아주 심한가 봅니다.' 이런 질문이 폐쇄적 질문이다. 개방적 질문이란 서술형으로 대답하도록 질문하는 것이다.

개방적 질문을 하려면 무엇(what)과 어떻게(how)가 질문내용 안에 들어가면 된다. 예를 들면 '지난 주말 어떻게 지냈습니까?' '지난 주말 뭐 하셨습니까?' '요즘 건강이 어떻습니까?라고 질문하면 예, 또는 아니오라고 답을 할 수 없다. 서술형으로 답할 수밖에 없게 질문하는 것이 개방형 질문이다. 이러한 개방형 질문은 상대방과 대화를 많이 주고받을 수 있는 장점이 있다.

37

몸값을 높이려면 협상하라

성공적으로 협상하는 방법

협상이란 이해 당사자 사이에 갈등이 발생했을 때 갈등을 해결하는 중요한 방법이다. 협상은 다양한 관계 속에서 가치를 창출하는 것이다. 성공적인 협상을 하려면 다음과 같이 해야 한다. 첫째, 어떤 일이든 협상을 시도하라. 연봉협상의 경우에도 상대방이 제시하는 것을 그대로 받아들이기 보다는 일단 협상을 시도하는 것이 중요하다. 연봉 오천 만원 제시하면 그 연봉을 그대로 받아들이지 말고 오천오백 만원으로 해 주십시오라고 협상을 시도하는 것이 중요하다.

협상을 시도하는 대로 되든지 안 되든지 간에 일단 시도하는 것 자체가 중요하다. 무슨 일이든지 상대방이 제시하는 대로 바로 수용하지 말고 일단 협상을 시도해 보는 것이 중요하다. 협상을 시도해 보지도 않고 그대로 수용하는 것은 어리석은 일이다.

둘째, 협상 준비를 철저히 하라. 성공적인 협상을 위해서는 준비하고, 준비하고, 준비해야 한다. 협상상대에 대한 철저한 분석과 협상을 위해 필요한 자료를 분석하고 협상전략을 수립해야 한다. 기준이나 근거가 될 만한 객관적인 사실과 관련된 자료를 많이 준비한다.

셋째, 상대방이 협상을 시도해 오면 먼저 NO라고 하고 적당한 시간을 끌어라. 상황에 따라 바로 수용하는 것도 있지만 가급적이면 처음에는 무조건 NO라고 하는 것이 협상에 유리하다. 상대방이 협상을 해 올 경우에는 상대방 편에서 원하기 때문에 협상을 시도해 오는 것이다. 그러므로 바로 그 협상에 OK 하면 내가 원하는 바를 성취하기 쉽지 않다. 물론 모든 조건이 갖추어졌으면 OK하면 좋지만 그렇지 않을 경우엔 처음에는 NO라고 하는 것이 협상을 하는 데 유리하다. 협상에서 자주 사용할 수 있는 단어는 만약 00하면 (If)이다. 협상을 잘 하기 위해서는 이 If를 잘 활용하면 좋은 협상을 이끌어 낼 수 있다.

넷째, 상황에 맞는 전략을 수립하라. 상황이 시시각각으로 변화하는데 자신이 수립한 전략으로만 협상을 하고자 하는 어리석음을 버려야 한다. 상황에 맞는 적절한 대안이나 방법들을 늘 준비하고 있어야 한다. 이때 전략이란 상대방이 원하는 시간 장소 방법으로 하는 것이 아니라 내가 원하는 시간 장소 방법대로 하려고 해야 한다.

토끼와 거북이 이야기이다. 우리나라 사람이면 초등학생들도 아는 이야기다. 산토끼의 반대말은? 끼토산, 집토끼, 죽은 토끼, 강토끼, 판토끼, 알카리 토끼 등 유머가 많다. 토끼가 한번은 자기 꾀로 목숨을 건진 이야기가 있다. 별주부전이다. 한번은 자기 꾀에 빠져 경기에 진 이야기로 토끼와 거북이 이야기다. 이 토끼와 거북이 이야기에서 토끼가 거북이와의 경주에서 졌다. 진 이유는? 1번, 경기중간에 낮잠 자서. 2번, 토끼가 거북이의 기를 살려 주기 위해 일부러 져 주었다. 3번, 내가 토끼의 마음을 어떻게 아냐? 모른다. 4번, 요즘 바쁘다 모르겠다. 답은 무엇인가? 스스로 답해 보기 바란다. 만약 토끼가 거북이에게 다시 한번 경주를 요청한다면 당신이 거북이라면 재요청 경기를 받아들이겠는가? 1번, 받아들인다, 왜냐하면 한번 이겼기 때문에 한번 지더라도 별로 손해 볼 것 없다. 2번, 받아들이지 않는다, 왜냐하면 한번 이겼는데 왜 또 하느냐? 이번엔 토끼가 낮잠을 자지 않을 것이기 때문에 경주를 하면 반드시 질 것 같아서. 3번, 받아들인다, 왜냐하면 받아들인 후 경기의 규칙을 바꾼다. 경주를 토끼 사냥터에서 하자고 제의한다. 또는 지난번에 산에서 했으니까 이번엔 바다에서 경주하자고 제의한다. 이렇게 상황에 맞는 전략을 수립해 보는 것은 어떤가? 제시했던 방법이 통하지 않을 경우 다른 방법들을 적용해 본다. 높이 뛰기를 잘 하려면? 장대를 쓰면 된다. 또는 튀어오르는 뜀틀을 쓴다. 목수가 집을 짓는 데 대패 하나만 갖고 짓지 않는다. 다양한 방법을 적용해 본다.

다섯째, 창의적으로 생각해라. 협상을 할 때 상대방이 예기치 못한 적절한 방법들을 제공하면 협상은 성공적으로 이루어질 수 있다. 즉 상대방이 생각지 못한 의외의 해결책이나 상대방이 제시하지 않았던 또 다른 방법들을 찾아서 협상카드로 사용하는 것도 좋은 방법 중의 하나이다. 창의적이란 프로이드가 말한 본능(id)이나 자아(ego), 초자아(super ego)와 관련된 내용을 상대방에 따라 생각지도 못한 욕구를 해결해 주는 것이다.

여섯째, 마지막 협상 카드를 준비하라. 제일 마지막에 제시할 카드를 숨겨 두라. 이 카드를 사용해도 협상이 되지 않을 경우엔 협상결렬을 선언하는 것이다. 이 최종적인 카드는 가급적이면 사용하지 않는 협상이 가장 바람직한 협상이다. 그러나 마지막 카드를 사용해야 될 경우를 대비하여 숨겨둔 최종 협상카드를 준비하는 것이 좋다.

‖ 로미오와 줄리엣 효과 ‖

하라고 하면 하기 싫고, 하지 말라고 하면 더 하고 싶은 청개구리와 같은 인간의 심리현상을 로미오와 줄리엣 효과라고 한다. 이 효과는 비즈니스에서도 예외는 아니다. 꼭 성사시키고 싶은 계약이라면 오히려 여유를 갖고 전체적인 관점에서 고객을 대해야 로미오와 줄리엣 효과를 피해갈 수 있다.

광고나 마케팅의 전략에서도 이 효과는 매우 자주 적용된다. 미성년자 입장불가인 영화는 때로 학생들을 가발 쓰고, 사복입고 줄서게 만든다. 처녀들을 위한 껌이라는 광고는 많은 남자들의 호기심을 자극하여 여자가 아닌 남자들이 남몰래 껌을 씹어보게 한다. 채찍과 당근의 관점에서 로미오와 줄리엣 효과를 보면 채찍과 당근을 잘 사용하고 밀고 당기는 관계를 적당하게 유지해야 한다. 인간관계는 단편적인 것보다 전체적인 시각에서 더 많은 것을 고려해야 한다. 로미오와 줄리엣 효과라는 말 하나를 기억하면 당신에게 도움이 될 것이다.

4장

상대방을 대하는 가슴

38 틀리다(It's Wrong)와 다르다(It's Different)를 구분하라 / 39 어떤 사람이 부자인가? / 40 조해리창에서 말하는 인간관계유형 / 41 나의 마음상태 이해 / 42 상대방을 기쁘게 하고 나도 즐거워지는 방법 / 43 상대방에게 신뢰를 얻으려면? / 44 갈등비용을 최소화 하라 / 45 나의 이미지는 어떻게 평가되고 있는가

38

틀리다(It's Wrong)와 다르다(It's Different)를 구분하라

인간관계에서 틀리다와 다르다.

좋은 인간관계를 유지해 나가기 위해 반드시 필요한 것이 나와 상대방은 다르다를 인정하는 것이다. 나와 남이 다르다는 것을 인정하고 그 다른 점을 서로 존중해 줄 때 좋은 인간관계의 첫 출발점이 된다. 그런데 '다르다'와 '틀리다'를 잘 못 이해하여 많은 어려움이 생긴다. 다르다라고 해야 할 것을 틀리다라고 말하지 말아야 한다. '다르다'와 '틀리다'는 많은 차이가 있다.

혈액형으로 사람의 성격을 판단하는 경우가 종종 있다. A형은 소세지다. 소심하고 세심하고 지랄 같다. B형은 오이지다. 오만하고 이기적이고 지랄 같다. O형은 단무지다. 단순하고 무식하고 지랄 같다. AB형은 지지지다. 지랄 같고 지랄 같고 지랄 같다. 저자는 무슨

형 같은가? 아니다. 이상형이다. 이상형.

나와 다른 사람, 나와 다른 의견을 이해하고 존중해 줄 때 바람직한 관계가 정립될 수 있다. 틀린 사람, 틀린 의견으로 치부하면 좋은 관계를 유지해 나가는데 상당한 어려움을 겪는다. 개미는 베짱이의 삶의 방식을 '넌 틀렸어' 즉 '넌 옳지 않아'라고 말한다면 서로의 관계는 상생관계가 될 수 없다. 개인의 다양성을 무시해버리고 "너도 나처럼 살아" 하고 이야기하는 것은 결국 내 속에 있는 또 다른 나를 무시하는 일이다.

벌과 개미 그리고 거미

짐승들은 떼를 지어 살지만 가끔 자기 행동을 한다. 벌이나 개미는 떼로 움직인다. 분업체제로 조직되어 있어 집단으로 움직인다. 개체란 없다. 벌과 개미가 무리에서 벗어난다는 것은 곧 죽음을 의미하는 것이다.

학교에서 보통 아이들에게 벌과 개미를 본받으라고 많이 가르쳐 왔다. 이솝우화 때부터 동요와 동화가 늘 어린이들에게 그렇게 가르쳐 왔다. 고대사회에서는 개인이라는 것이 없는 벌과 개미처럼 사는 것이 맞았을 수 있다. 지금은 아니다. 현대 국가는 개미와 꿀벌 같은 세계에서 벗어나 한 사람 한 사람이 자유롭게 어울려 살아가는 데서 시작된다.

인터넷의 www.는 world wide web 세계에 널리 깔린 거미줄이란 뜻이다. 지구에 쳐진 거대한 은빛 거미줄 위에서 살아가는 시대이다. 꿀벌과 개미의 시대에서 거미의 시대로 세계가 변한 것이다.

트위터와 페이스북을 통해 사무실에 앉아서 지구 반대편의 사람들과 교류하고 있지 않은가?

39

어떤 사람이 부자인가?

당신은 부자인가?

토끼를 잡으려면? 귀를 잡는다. 개를 잡으려면? 목덜미를 잡는다. 사람을 잡으려면? 마음을 잡아야 한다. 그런데 어떤 사람은 사람을 잡으려면 어떻게 하면 될까요?라고 하면 멱살을 잡는다. 또 어떤 사람은 약점을 잡는다고 한다. 사람을 잡으려면 그 사람의 마음을 잡아야 한다.

어떤 사람이 부자인가? 이렇게 질문하니까 어떤 사람은 '아버지와 아들'이라고 대답하기도 한다. 어떤 사람이 부자인가? 돈 많은 사람? 물론 돈 많은 사람이 부자이다. 그렇다면 진정한 부자는 어떤 사람인가? 마음이 부자인 사람? 그럴 수도 있다. 어떤 사람이 부자인가?

미국의 유명한 토크쇼 진행자인 오프라 윈프리에 의하면 부자의 개념에 대하여 다섯 가지로 정리하여 설명하고 있다. 여러분들은 한 가지 항목에 대하여 20점 만점으로 하여 100점 만점에 몇 점이 되는지 확인해 보라.

첫째, 경제적으로 부자여야 한다. 경제적으로 부자라는 말을 들으려면 우선 자신의 집이 있어야 한다. 그리고 현금 자산이 내 통장에 30억 정도 있어야 부자소리를 듣는다. 부동산이 많은 것이 아니라 현금자산이 통장에 그 정도 있어야 된다는 것이다. 여러분은 20점 만점에 몇 점정도 줄 수 있는가?

둘째, 육체적으로 건강해야 한다. 내 통장에 30억이 있어도 육체적으로 건강하지 못하고 매일 병원에 있으면 부자라도 소용이 없다. 여러분들은 몇 점정도 되는가?

셋째, 정신적으로도 건강해야 한다. 30억이 있든 100억이 있던 아침에는 정신이 괜찮은데 저녁때가 되면 정신이 나가면 어떻게 되겠는가? 그리고 정신적인 측면은 영적인 측면도 같이 포함된다. 신앙과도 관련이 있다. 신앙이 있는 사람은 이 항목만큼은 거의 만점이라고 볼 수 있다. 20점 만점에 몇 점?

넷째, 지적으로도 갖추어야 한다. 지적으로 갖춘다는 의미는 학력이나 학위 또는 자기개발 정도의 점수이다. 이러한 측면에서는 몇 점정도 되는가?

다섯째, 관계형성이 잘 되어 있어야 한다. 사람들과의 관계이다. 아무리 경제적으로 부유해도 친구나 동료들이 없으면 혼자서 살 수 없다. 관계적인 부분들이 중요하다는 의미이다. 이상과 같이 부자란? 경제적으로 돈만 많이 있으면 부자일 수 없다. 돈은 많은데 육체적, 정신적, 지적, 관계적으로 부족한 사람들이 얼마나 많은가? 이상의 기준에서 볼 때 여러분들은 부자인가? 가난한 사람인가? 아마 대부분이 부자일 것이다. 그럼에도 불구하고 나는 부자라고 생각하지 않은 사람들이 얼마나 많은가? 여기에서는 더 부자가 되기 위한 항목 중 관계정립을 어떻게 하는 것이 좋을까? 하는 부분에 대하여 좀 더 구체적으로 살펴본다.

죄 중에 가장 큰 죄

모든 것이 관계이다. 관계 하면 가장 먼저 생각나는 것이 무엇인가? 어떤 사람은 '불륜'이라고 말하는 사람도 있다. 모든 것이 관계이다. 부모와 자식하고도 관계, 형제들과도 관계, 부부 사이의 관계, 친구와의 관계, 애인과의 관계, 동료와의 관계, 상사와의 관계, 이웃과의 관계, 국가와 국가와의 관계 이 관계가 좋아야 모든 것이 순조롭다. 관계가 틀어지면 문제가 발생한다. 죄 중에 가장 큰 죄는 괘씸죄라는 말이 있다. 그러므로 좋은 관계를 맺어야 한다.

좋은 관계를 맺는 방법을 가르치는 방법에는 여러 가지가 있다. 스티븐 코비 박사에 의하면 인간의 성장단계를 의존적인 단계에서 독립적인 단계, 독립적인 단계에서 상호의존적인 단계로 발전해 나가는데 의존적인 관계에서 독립적인 단계는 주로 유아시절부터 학창 시절까지인데 이 단계에서는 개인의 승리라는 것이다. 그런데 독립적인 단계에서 상호의존적인 단계는 대학졸업 후 사회생활 하는 단계로 이때부터는 대인관계의 승리라는 것이다. 인간관계를 잘 해야 성공할 수 있다는 것이다.

우리나라 IMF 발생 이후 기업에서 구조조정을 많이 했는데 구조조정 당한 사람들에게 '당신은 왜 구조조정을 당했습니까?'라고 물어 보니 80% 이상이 상사에게 잘 못 보여서 구조조정 당했다는 것이다. 내가 업무능력이 부족해서 실력이 부족해서 회사에서 구조조정 당했다는 사람은 거의 없다는 것이다. 이 만큼 인간관계는 어디에서든 중요하다.

좋은 관계를 형성해 나가는 방법

좋은 인간관계를 형성해 나가기 위해서는 어떻게 해야 하는가? 첫째, 상대방에게 신뢰를 주어야 한다. 신뢰를 주기 위해서는 일관성이 있어야 한다. 상대방에 대한 말과 행동의 일관성이 있어야 한다. 일관성이란, 하나의 방법이나 태도로써 처음부터 끝까지 한결같은 성질이다. 예를 들면, 내가 상대방에게 믿음을 주기 위해서는 약속을 정했으면 그 약속대로 지켜야 신뢰가 형성된다.

그런데 그 약속을 지키지 않으면 신뢰는 깨어진다. 한번은 약속을 지켰다가 한번은 지키지 않았다가 하면 일관성이 없다. 그러므로 신뢰가 형성되지 않는다. 좋은 관계를 유지하기 위해서는 말과 행동의 일관성이 있어서 상대방에게 신뢰를 형성해야 한다.

둘째, 상호존중이다. 서로 상대방의 가치를 존중해 나가야 좋은 관계가 형성된다. 상대방이 어떤 위치나 상황에 있든지 간에 그 사람 자체의 존엄성에 대한 가치를 인정해야 한다. 왜냐하면 사람은 모두 차이가 있기 때문이다.

부부 관계가 좋지 않은 가정이 있었다. 부부는 1년간 불만이 있을 때 마다 서로에 대한 불만의 내용을 쪽지에 적어 상자에 넣기로 하였다. 한 달 후 그 내용을 보기로 약속하였다. 한 달 후 서로의 불만을 확인하였다. 아내의 불만은 많았다. 그런데 남편은 아내에 대한 불만을 적은 것이 아니라 자신의 부족한 점만 적어 놓았다. 그럼에도 불구하고 아내를 사랑한다. 이런 내용들로 가득했다. 내용을 본 순간 서로 어떻게 되었을까? 상상해 보라.

셋째, 대인감수성이 있어야 한다. 대인 감수성이란, 상대방의 행동을 보고 내가 그 행동에 어떻게 반응해야 상대방이 좋아할 것인가를 알고 미리 미리 상대방 입장을 생각하며 대처해 나가는 것이다. 삼겹살 구워 먹는데 어떤 사람은 계속해서 굽는 사람이 있는가 하면 어떤 사람은 구워 놓은 것만 계속해서 먹는 사람이 있다. 계속해서 구워놓은 것을 먹는 사람은 대인감수성이 떨어지는 사람들이다. 자신이 왜 내가 삼겹살을 구워야 하는지조차 의식하지 못하는 사람들은 좋은 관계를 형성해 나가지 못한다.

넷째, 내가 먼저 상대방에게 다가간다. 이 말은 내가 먼저 상대방에게 베푸는 것이 좋은 인간관계를 형성하는 데 매우 도움이 된다. 갈등이 발생하거나 문제가 발생하면 상대방이 먼저 해결해 주기를 기다리기 보다는 내가 먼저 상대방에게 해결하려고 노력한다. 그리고 상대방을 변화시키려 하지 말고 내 자신이 변화하면 상대방은 자연스럽게 변화한다. 상대방과 좋은 관계를 형성하려면 문제의 원인을 내부에서 찾아야 한다. 외부에서 찾을 경우 핑계만 댄다. 골프 칠 때 골프가 안되는 이유 101가지가 있다. 어제 술을 많이 먹어서, 아침에 너무 일찍 일어나서 등등. 그리고 마지막 101번째 이유는 오늘따라 이상하게 안맞네이다.

다섯째, 평소에 좋은 관계를 만들어둔다. 평소에 상대방에게 좋은 관계를 형성해 놓아야 한다. 평소에 상대방의 감정은행 계좌에 내가 좋은 감정을 많이 저축해 두어야 한다. 그러면 문제가 발생해도 감정은행 계좌에 있는 좋은 감정으로 그 문제를 해결해 줄 수 있다. 평소에 감정은행 계좌에 부정적인 감정을 저축해 둔 사람은 상대방과 좋은 관계를 형성하지 못할 뿐만 아니라 사소한 문제가 발생해도 상대방과 많이 부딪히게 된다.

아무리 돈이 많아도 옆에 있는 사람 5,000원 짜리 김치찌개 한 그릇 못 사주는 사람도 있다. 5,000원 짜리 김치찌개 한 그릇 사는데 덜덜덜 떤다. 그러다 중풍 걸려서 떨다가 가는 사람도 있다. 상대방을 배려하면 관계가 잘 형성된다.

맹인의 등불 이야기가 있다. 한 나그네가 캄캄한 낯선 밤길을 가고 있었다. 길도 험한데다 낯선 길이기도 하여 목적지를 찾아가는데 매우 힘이 들었다. 그런데 앞에서 희미한 등불이 보이기 시작하였다. 등불 가까이까지 간 이 나그네는 깜짝 놀랐다. 그 등불을 밝히고 있는 사람이 맹인이었기 때문이다. 그래서 맹인에게 물어보았다. 당신은 앞을 보지 못하는데 웬 등불이 필요한가?라고 물어보니 맹인은 나는 낮이나 밤이나 늘 캄캄하여 안보이기는 마찬가지이고 소리만 들어도 장애물을 피해갈 수 있지만, 밤 눈 어두운 당신들이 돌부리에 부딪혀 넘어질까봐 그대들을 위해 이렇게 등불을 들고 다닌다.

상처 입은 닭을 죽이지 마라

닭들은 어떤 닭이 상처를 입으면 주변의 모든 닭들이 몰려들어 그 닭 상처 부위를 쪼아댄다. 야생 닭들은 상처를 계속 쪼아 결국 그 닭을 죽이는 것이다. 그래서 상처 입은 닭을 무리로부터 격리시켜 보호해야 한다.

이런 특성을 사람과 기업에 비유하면 사람 사회에서도 누군가 실수하면 곧바로 공격의 대상이 된다. 이런 분위기는 독창적인 아이템을 개발하고 새 영역을 개척하려는 다른 사람들의 도전의식까지 가로막는다. 다른 사람이 잘못했을 때 도와주고 치유해 주어야 하는데 오히려 상처 입은 닭에 다른 닭들이 달려들어 쪼아대는 것과 같은 일들이 많이 일어난다.

상처 입은 닭은 뭔가를 하려고 노력하다가 실패한 사람이다. 그를 질책하고 망가뜨려서는 안 된다. 격려해주고 상처를 치유해 주는 그런 관계가 되어야 하지 않을까?

40

조해리창에서 말하는 인간관계유형

내 마음의 창

인간이 가지고 있는 마음을 노출시키는 정도와 다른 사람에게 갖는 관심의 정도를 가지고 사람 마음의 창에 대하여 연구한 사람이 있다. 조해리 창이다. 조해리 창이란 조셉(Josephluft)과 해리(Harry lngham)의 두 심리학자에 의해서 만들어진 개념으로 우리의 마음을 네 가지로 분류함으로써 우리 마음의 문을 여는 방법을 쉽게 가르쳐 주고 있다. 대인관계에 있어서 자기표현과 상대방에 대해서 갖는 관심의 정도에 따라 대인관계에서 네 가지 유형의 창을 만들었다.

첫째, 미지의 창(Unknown Window)이다. 남도 모르고 자신도 모르는 영역을 말한다. 상대방과의 관계에서 상대방을 배려하지도 않고 상대방이 말할 때 경청하지도 않고 존중하지도 않을 뿐만 아니라 자신에 대해서 상대방에게 알리지도 표현하지도 않는 유형이다. 이런 유형의 경우 인간관계에서 가장 바람직하지 않은 유형이다. 이 유형이 좋은 관계를 유지해 나가기 위해서는 다른 사람들과 어울리는 연습을 많이 해야 한다. 다른 사람 말에 귀를 기울이고 또한 자기 자신을 다른 사람에게 노출시키고 적당하게 표현하는 연습을 하여야 한다.

둘째, 감추어진 창(Hidden Window)이다. 이 창은 자신은 알지만 상대방은 모르는 부분을 말한다. 자아방어기제라든가 자신만이 가지고 있는 비밀 등이 여기에 해당된다. 예를 들면 자기합리화, 동일시, 보상, 투사 등의 자아방어기제 행동이나 모략이나 계략을 가지는 행동 자신만이 알고 있는 비밀 등이 여기에 해당된다.

이 유형의 경우 상대방이 말할 때 경청하고 존중하고 배려하지만 자기 자신은 타인에게 잘 노출시키지 않고 잘 표현하지 않는 유형이다. 대인관계에 있어서 문제가 있다. 이런 유형이 옆에 있을 경우 그 사람하고 친해질 수 있는가? 자신을 노출시키기 않기 때문에 항상 베일에 가려 있고 무슨 꿍꿍이속이 있는지 알지 못한다. 이 유형이 좋은 관계를 유지해 나가기 위해서는 적당한 자기 노출 자기표현을 해야 좋은 관계를 유지해 나갈 수 있다.

셋째, 맹목적인 창(Blind Window)이다. 이 유형은 자신은 모르지만 상대방은 아는 것을 말한다. 무의식 중 나타나는 자신의 버릇이나 습관 등이 여기에 해당된다. 상대방과 대화할 때 눈을 깜박인다든지 머리를 긁는다든지 하는 것으로 자기가 모르는 면이기 때문에 실수하기 쉬운 것이기도 하다. 자기표현이 너무 많고 상대방 이야기를 잘 들어주지 않는 유형이다. 고문관 소리를 듣거나 말이 너무 많다는 이야기를 들을 수 있다. 이 유형은 바람직한 관계를 유지해 나가기 위해서는 상대방 말에 귀를 기울이는 경청 연습을 많이 해야 좋은 관계를 유지해 나갈 수 있다.

넷째, 개방된 창(Open Window)이다. 이 경우 자신도 알고 상대방도 아는 창을 말한다. 개방된 창 또는 유리창 형이 좋은 인간관계를 유지해 나갈 수 있는 창이다. 누구나 이러한 창을 만드는 연습을 해야 한다. 즉 다른 사람들이 말할 때 잘 들어 주고, 배려해 주고, 관심을 갖고 있어야 할 뿐만 아니라 적당히 자기를 노출하고 자신을 상대방에게 적절하게 표현해야 좋은 인간관계를 유지해 나갈 수 있다.

41

나의 마음상태 이해

나의 마음상태 다섯 가지

마음! 인간에게 마음이 있는가? 마음이 있다면 그 마음이란 도대체 어떤 것인가? 눈으로 볼 수도 없고 손으로 만질 수도 없지만 우리는 마음에 대해서 많이들 이야기 한다. 착한 마음, 나쁜 마음, 엄마 같은 마음, 아빠 같은 마음, 애들 같은 마음, 공자 같은 마음, 부처님 같은 마음, 예수님 같은 마음 등과 같이 우리는 마음에 대해서 많은 이야기를 한다.

흔히 사람들은 모든 일이 마음먹기에 달려 있다고 한다. 이때 이 마음은 어떻게 구성되어 있으며 어떤 모습을 하고 있는 것일까? 미국의 정신의학자 에릭 번은 인간의 마음상태를 체계적으로 구분하였다. 그는 인간의 마음 상태에는 크게 세 가지가 있다고 보았다.

첫째, 가르침을 받은 나 즉, 부모의 마음상태(Parent. P), 둘째, 생각하는 나 즉, 성인의 마음상태(Adult, A), 셋째, 느끼는 나 즉, 어린이의 마음상태(Child, C). 이 세 가지 마음 상태에 대하여 구체적으로 설명하면 다음과 같다.

어린이의 마음상태 (C)는 말 그대로 어린이 같은 마음이다. 즉 자기 중심적이며 자신이 알고 있는 그대로 표현하는 자유분방하고 감정 표현이 풍부한 마음이다. 이 어린이의 마음 상태는 부모의 영향을 받으며 그 영향에 의해서 본래의 모습이 변한다.

따라서 어린이의 마음 상태는 부모의 영향 정도에 따라서 '자유스런 어린이의 마음상태(Free Child, FC)'와 '순응하는 어린이의 마음상태(Adapted Child, AC)'의 두 가지로 구분한다. 자유스런 어린이의 마음상태(FC)는 부모의 영향을 가장 적게 받은 부분으로 천성적이며 자연스럽게 행동하는 것이다.

이 마음 상태는 본능적, 자기중심적, 공격적인 것과 동시에 호기심이나 충동적인 표현이 많다. 또한 규칙이나 법률, 도덕 등의 현실을 생각하지 않고 즉석에서 쾌락을 추구하는 경향이 있다.

순응하는 어린이의 마음상태(AC)는 어릴 때 부모의 영향을 가장 많이 받아서 형성된 부분이다. 이 마음은 부모의 애정을 잃지 않기 위해서 그 기대에 부응하려고 사용한 갖가지 순응의 양식이 포함된다. 합리적으로 잘 순응한 어린이의 마음상태는 대인관계에서의 적절한 대응 방법으로 진행되기도 하지만 한편으로는 자유스런 어린이의 마음상태를 희생시키고 진짜 감정을 억압해서 착한 아이가 되거나 현실을 회피해서 자폐적이 되기도 한다.

성인의 마음상태(A)는 자신의 내부에 있는 컴퓨터와 같은 것이다. 즉 합리적이고 논리적이며 사실을 기초로 한 자료를 수집하고 그것을 정리 통합하는 마음이다. 성인의 마음이 부모의 마음상태나 어린이의 마음상태를 통제한다.

부모의 마음상태(P)는 주로 부모로부터 가르침을 받은 마음상태로서 다시 아버지의 마음상태(Father Parent FP)와 어머니의 마음상태(Mother Parent MP)로 구분된다. 아버지의 마음상태는 주로 권위적, 보수적, 비판적, 이상적, 규제적 마음상태에 해당되며, 어머니의 마음상태는 주로 양육적, 보호적, 지지적, 동정적인 마음이 많은 상태를 말한다.

에릭 번은 인간의 마음 구조를 크게 세 가지로 구분하여 설명하고 있다. 또한 작게는 그 세 가지 마음이 어떻게 기능하느냐에 따라서 다섯 가지로 분석하였다. 프로이드의 정신분석 이론과 비교해서 에릭 번이 분류한 마음을 보면 정신분석에서 본능(ID)은 어린이의 마음상태에 가까운 것이고, 자아(EGO)는 성인의 마음상태에 해당되는 것이며, 초자아(SUPER EGO)는 부모의 마음상태에 가까운 것이라고 보아도 무방할 것이다.

왜 예스맨이 많을까?

실제 연수 교육을 하다 보면 P(부모의 마음상태), A(성인의 마음상태), C(어린이의 마음상태) 중에서 P가 우세한 사람들이 많은 것으로 나타난다. 특히 관리자들의 경우 P중에서 FP(아버지의 마음상태)와 A가 높은 사람들이 많았다. 상대적으로 MP(어머니의 마음상태)와 FC(자유스런 어린이의 마음상태)는 낮게 나오는 경향이 있었다.

FP가 높은 관리자는 주로 AC가 높은 부하를 만들어낸다. MP가 높은 관리자 밑에서는 주로 FC가 높은 부하가 생겨난다. 우리나라 직장인들 가운데 '예스맨'이 많은 이유는 주로 FP가 높은 관리자 밑에서 생활하기 때문이다. 그러나 이런 관계는 그리 바람직하다고 할 수 없다. 왜냐하면 이런 관계에서는 사디즘과 마조히즘적인 관계가 성립되기 쉽고 자발적인 아이디어나 창의적인 아이디어가 잘 나오지 못한다. 부모와 자식간의 관계도 마찬가지이다. FP가 높은 부모 밑에서 자란 아이는 AC가 높게 나온다.

매력적인 사람 괜찮은 나 만들기

모든 사람의 마음에는 위의 5가지 마음상태가 많든 적든 모두 들어 있다. 괜찮은 나 매력적인 나를 만들기 위해서는 마음 상태를 때와 장소에 따라서 적절하게 사용해야 한다. 오락, 레크리에이션, 회식 등을 하는 장소에서는 자유스런 어린이의 마음 상태가 많이 나와야 하며, 회사에서 업무를 볼 때에는 성인의 마음상태에서 일을 해야 한다. 그리고 환자를 돌볼 때에는 어머니의 마음상태가 많아야 하며 남을 질타할 때에는 아버지의 마음상태가 중요하다.

사람의 성격은 대개 장점이나 단점으로 나누어 표현되지만 여기서는 강점이라는 말을 써 보자. 다시 말해 그 사람의 성격에는 장단점이 따로 있는 것이 아니라 모두가 다 강점인데 그 강점을 지나치게 많이 사용했거나 지나치게 사용하지 않았을 경우 그 사람의 약점이 된다는 의미이다. 그러므로 때와 장소에 따라 각각의 마음상태 에너지를 적절히 사용하는 것이 바람직한 인간관계를 형성하는 데 무엇보다 중요하다.

5가지 마음상태 중에서도 때와 장소를 가리지 않고 항상 높게 나오거나 항상 낮게 나오는 경우 개선하는 방법은 낮게 나올 점수를 높여주면 된다. 왜냐하면 항상 점수가 높게 나오는 부분은 그 사람에게 오랫동안 길들여져 온 생활습관이나 행동이기 때문에 한 번에 바꾸기란 매우 힘든 일이다. 점수가 낮게 나오는 마음상태는 그러한 마음상태를 높이기 위한 행동을 조금만 조성해 주면 충분히 만회할 수 있기 때문에 그 같은 마음 상태를 개선하는 것이 보다 쉽고 생산적이다.

괜찮은 나, 매력적인 사람이 되는 것은 의외로 간단하다

간단한 마음상태의 진단을 통해서 그 개선 방법을 모색해본다, 한 가지 사례를 들어보자. 오토바이 뒤에 여자를 태우고 시속 100km로 달리던 폭주족이 버스와 정면 충돌하는 사고가 일어났다. 이 광경을 본 뒤 자신의 마음속에 가장 먼저 떠오르는 생각을 말로 표현해본다.

물론 이때 여러 가지 생각이 동시에 떠오를 수도 있다. 그러나 가장 먼저 생각나는 마음 상태를 말로 표현해본다. 언젠가 두 남녀의 만남을 주선하는 자리에서 이 방법을 시도해 보았더니 남자는 '먼저 차의 번호를 적는다'(A성인의 마음상태)로 반응을 보였고, 여자는 '빨리 병원에 데리고 가야 할 텐데'(MP어머니의 마음상태)라는 반응을 나타냈다.

앞의 글을 읽은 사람이라면 위의 반응 결과만 가지고도 양자 모두의 마음상태를 개선하는 방법을 찾아낼 수 있을 것이다. 남자는 P(부모의 마음상태)나 C(어린이의 마음상태)를 높이기 위해 노력해야 하고 여자의 경우에는 A(성인의 마음상태)나 C(어린이의 마음상태)를 높여야 한다.

조금 더 나아가보자. 앞에서도 이야기했지만 이 다섯 가지 마음상태를 때와 장소 즉 상황에 따라서 적절히 그 에너지를 발휘하면 누구나 매력적인 사람이 될 수 있다. 사교적인 만남의 자리에서는 FC가 많이 발휘되어야 대화가 부드럽게 이루어질 수 있다. 그래서 그

두 사람이 서로 친숙해질 수 있게 노래방에 가도록 권유했다. 그리고 남자에게는 여자를 감싸주는 보호의 마음을 높이기 위해 데이트할 때마다 여자를 집까지 데려다 줄 것과 FC를 높이기 위해 데이트할 때마다 유머를 한 가지 준비해오도록 권유했다.

매력이란 특별한 것이 아니다. 때와 장소에 따라서 적절한 에너지를 발휘하는 것이 바로 매력이며 그렇게 할 수 있는 사람이 매력적인 사람이다. 여자나 남자나 모두 마찬가지이다. 못생긴 여자도 매력적 일 때가 있다. 이처럼 외모와는 관계없이 매력이 느껴지는 사람들에겐 남들이 갖지 못한 어떤 강한 에너지가 있다.

사람을 만날 때 적절한 FP・MP・A・FC・AC의 마음상태를 잘 발휘할 수 있어야 한다. 괜찮은 사람 매력적인 사람은 일할 때, 놀 때, 봉사할 때 등 그 상황에 따라서 각각의 에너지를 항상 적절히 발휘한다. 반면에 매력이 없는 사람은 놀 때도, 일할 때도, 봉사할 때에도 그 상황에서 적절한 에너지를 발휘하는 데 서투르다. 예컨대 노래방에 가서는 FC가 높게 나와야 하는데 합리적이고 논리적인 A의 마음이 계속해서 나온다면 즉 남이 놀 때 '오늘 술 값 누가 내나' 집에는 몇 시에 가지' 등과 같은 생각만 하면 그 사람은 결코 매력적인 사람이 될 수 없다.

매력이란 스스로 만들 수 있다. 자기에게 어떤 에너지가 넘치고 어떤 에너지가 잘 발휘 되지 않는지를 정확히 파악하고 때와 상황에 맞게 에너지를 발휘할 수 있는 사람이 바로 매력적인 사람이다.

42

상대방을 기쁘게 하고 나도 즐거워지는 방법

스트로크 이해

사람이 살아가기 위해서는 어떤 형태로든 자극을 받아야 한다. 그 자극을 교류분석에서는 '스트로크(stroke)'라고 한다. 스트로크는 일종의 정신적 자양분이다. 이를 통해 자신의 존재를 확인하게 된다.

심리학자들이 실험했다. 쥐의 새끼가 태어나면 어미 쥐들이 새끼 쥐를 핥아 준다. 핥아 준 집단과 핥아 주지 않은 집단을 비교 실험한 결과 핥아 준 집단의 쥐가 건강하고 뇌도 잘 발달되어 있다는 것이다. 옆에 있는 사람 한번씩 핥아(?) 주기 바란다.

적절한 스트로크는 사람을 기분 좋게 만들고 대인관계를 원만하게 만들어주지만 적절하지 못한 스트로크는 이와 반대로 작용한다. 스트로크란 애무, 신체적 접촉, 윙크, 말하기를 포함한 승인 등 매우 넓은 의미로서 사용된다. 일반적으로 타인의 존재를 인정하기 위한 작용이나 행위를 가리킨다. 자신의 존재를 확인시키는 행위이다. 부모와 같은 양육자로부터 받은 접촉이나 애무 등의 신체적 스트로크에 대한 욕구는 성장한 뒤에 칭찬이나 승인 등의 정신적 스트로크에 대한 욕구로 이행된다.

사람마다 다소 차이는 있지만 우리 모두는 자기의 존재를 인정받으려는 욕구를 갖고 있다. 우리가 생활하기 위해 세 끼의 식사를 필요로 하듯 스트로크도 사람에게 필요 불가결한 것이다. 자신이 받은 스트로크의 종류와 강도에 따라 그 사람의 장래가 정해지기도 한다. 어렸을 때부터 긍정적인 스트로크를 받고 자란 사람에겐 긍정적인 인생태도가 형성되고, 부정적인 스트로크를 받고 자란 사람에겐 부정적인 인생태도가 형성된다고 한다.

스트로크 종류

스트로크의 종류에는 첫째, 긍정적인 스트로크와 부정적인 스트로크가 있다. 긍정적인 스트로크는 모든 '쾌락의 자극'을 지칭한다. 상대방이 나를 기분 좋게 만드는 모든 자극이 긍정적인 스트로크이다. 예를 들어, 칭찬이나 세뱃돈, 악수, 승진 등이 모두 긍정적 스트로크이다. 사람은 이러한 긍정적인 스트로크를 받지 못하면 부정적인 스트로크라도 얻으려고 한다.

부모의 애정이 결핍된 어린이는 일탈적 행동을 통해 부모에게 꾸중을 듣거나 매를 맞거나 해서라도 스트로크를 얻으려고 한다. 상사에게 무시당한 직원이 중요한 업무에서 실패를 자초함으로써 주목을 끌고자 하는 것도 그 예가 될 수 있다.

부정적 스트로크는 사람에게 있어서 모든 '불쾌한 자극'을 말한다. 꾸중이나 질책, 체벌, 승진누락, 비하, 인격모독 등이 모두 부정적 스트로크이다. 이런 부정적인 스트로크를 계속해서 받게 되면 부정적인 인생관이 형성될 가능성이 높다.

둘째, 신체적 · 정신적 스트로크가 있다. 어깨를 껴안는다, 악수를 한다, 머리를 쓰다듬는다, 키스를 한다, 발길질을 한다, 때린다 등이 있다. 반면 정신적 스트로크란 세뱃돈, 칭찬, 경멸, 꾸지람 등이 있다.

셋째, 조건적 · 무조건적 스트로크가 있다. 조건적 스트로크는 행위나 태도에 대해서 자극을 주는 것이다. 어떤 행위나 태도에 대하여 긍정적 또는 부정적 스트로크를 주거나 신체적 또는 정신적 스트로크를 주는 것을 말한다.

공부를 잘해서 기특하다. 심부름 잘 해서 고맙다 등이 조건적 스트로크이다. 이 조건적 스트로크는 상대방의 행동을 반복하도록 만드는 경향이 있다. 무조건적 스트로크는 어떤 이유를 붙이지 않고 자극을 주는 것을 말한다. 즉, 어떤 사람이 그냥 좋다든지 괜히 싫은 경우가 여기에 해당된다. 이상과 같은 스트로크를 잘 활용하면 상대방을 기분 좋게 만들고 나도 기분 좋게 된다.

긍정적 스트로크 활용방법

스트로크를 잘 활용하여 상대방을 기분 좋게 하고 나도 즐거워지는 방법이 있다. 첫째, 양적으로 적절하게 사용해야 한다. 양적으로 적절하다는 의미는 상대방이 나에게 긍정적인 스트로크 1개를 주면 나는 최소한 상대방에게 1개 이상의 긍정적인 스트로크를 주어야 상대방과 좋은 인간관계를 맺어 나갈 수 있다. 가령 직장에서 선배가

"안녕, 주일 잘 보냈어?"라고 인사했는데 "예!"라고만 대답하고 자기 자리에 앉아 일을 계속했다고 하자.

선배 사원은 후배 사원에게 긍정적인 스트로크를 2개 주었는데 자기는 선배에게 한 개의 스트로크만 주었기 때문에 양적으로 2:1의 스트로크가 교환된 셈이다. 그러므로 이런 스트로크 교환은 좋은 관계를 맺지 못한다. 좋은 스트로크 교환 방법은 이렇게 인사하는 것이다. "예, 선배님. 안녕하세요. 선배님도 주일 잘 보내셨습니까? 얼굴 좋아 보이네요."라고 말하면 2:4의 스트로크 교환이 된다.

왜냐하면 상대방이 먼저 나에게 스트로크를 주었기 때문에 나는 최소한 상대방이 준 스트로크보다 더 많이 주어야 좋은 관계가 형성된다. 그럼에도 불구하고 어떤 사람은 상대방에게 부정적인 스트로크를 주는 경우도 있다. 예를 들면 "안녕하십니까? 선배님" "주일 잘 보냈습니까?" 상대방이 나에게 긍정적인 스트로크 2개를 주었는데 나는 "얼굴이 아주 맛이 갔네!"라고 말 하는 것이 부정적인 스트로크를 주는 예이다.

둘째, 질적 수준이 균형을 이루어야 한다. 친구끼리 오랜만에 만나서 한 사람은 악수를 청하고 어깨를 쓰다듬으면서 "정말 반갑다"라고 했는데 다른 한 사람은 마지못해 악수를 하면서 "그래, 반갑다."라고만 했다면 이 스트로크의 교환에는 질적인 차이가 있다. 한 사람은 긍정적이며 신체적 정신적 스트로크를 적극적으로 주었는데 다른 한 사람은 긍정적 정신적이긴 했지만 신체적인 스트로크를 주지 못했다. 스트로크를 교환할 때 작은 선물을 주는 것도 질적인 차이를 보여주는 예이다.

이처럼 스트로크를 교환할 때 질적인 차이가 나면 둘 사이에 무언가 어색함이 놓이게 된다. 이런 경우도 있다. 출장을 가면서 "여보. 나 다녀 오께."라고 하면 상대방은 "응, 다녀오세요." 이 스트로크 교환은 2:2의 스트로크 교환이다. 그런데 이 스트로크를 한번 바꾸어 보겠다. "여보, 나 다녀 오께, 당신 나 없는 동안 심심하겠네. 백화점 쇼핑 다녀오지. 이리 와 봐 뽀뽀 쪽."까지 했다면 상대방은 어떻게 나올까? "백화점 가게 카드 내놔!" 이렇게 말하지는 않을 것이다. "응 잘 갔다 와야 돼. 보고 싶을 거야. 맛있는 것 해 놓을게." 이런 인사를 하게 될 것이다. 이것이 스트로크 교환이다.

셋째, 상황이나 시기에 맞게 교환해야 스트로크 진가를 발휘한다. 예를 들어, 아내가 파마를 하고 왔는데 일주일 후에 "어 당신 파마했네."라고 말하면 상대방이 뭐라고 반응할까? 아마 "내가 이 인간하고 살아야 되나."라고 할지도 모른다. 시기나 상황이 맞지 않을 경우 스트로크를 주는 것은 그 효과를 반감시키거나 오히려 자신의 무심함을 드러내는 것으로 작용할 수 있다. 상대방의 기분을 고조시켜 놓고 사랑을 고백하는 것과 그렇지 않고 자기 기분대로 아무렇게나 고백하는 것이 같은 결과를 가져오지는 않을 것이다.

넷째, 상대방이 나에게 긍정적인 스트로크를 주지 않을 경우 긍정적인 스트로크를 유도해 나가야 한다. 예를 들면, 파마를 하고 왔는데 이 인간이 잘 몰라 줄 경우 마음속으로 비난하고 스스로 스트레스 받기 보다는 긍정적인 스트로크를 받으려고 유도해야 한다. 즉, “나 바뀐데 없어?” “뭐, 뭐 바꿨는데?” “잘 봐 허리 위로만 잘 봐봐.” “뭐 뭔데.” “그럼 목 위로만 잘 봐” “어 당신 파마했네.” 이렇게 유도해 나가야 한다. 유도해 나가지 않고 상대방이 긍정적인 스트로크를 주지 않는다고 열 받으면 결국 자기만 손해다. 하루 동안 몰라주면 하루 동안, 일주일 동안 몰라주면 일주일 동안 자신만 손해다. 그러므로 남이 나에게 긍정적인 스트로크를 주지 않을 경우 긍정적인 스트로크를 받으려고 유도하는 노력을 해야 한다.

다섯째, 상대방 이야기를 적극적으로 들어준다. 경청해 준다. 스트로크에 굶주린 사람들은 말이 많아진다. 그러므로 상대방 이야기를 단순히 들어주는 것만 해도 상대방에게 긍정적인 스트로크를 주는 것이 된다. 들어 줄 때 적극적인 경청을 해야 한다. 단순히 듣는 척만 하는 것이 아니라 상대방 입장에서 그 사람의 태도나, 정서, 자세, 숨결 등까지 들어주는 것이 적극적인 경청이다.

여섯째, 빈익빈 부익부이다. 즉, 긍정적인 스트로크를 많이 받고 자란 사람은 긍정적인 스트로크를 많이 내는 반면 부정적인 스트로크를 많이 받고 자란 사람은 부정적인 스트로크를 많이 낸다. 그러므로 아이들에게도 긍정적인 스트로크를 많이 주어야 한다.

43

상대방에게 신뢰를 얻으려면?

조직에서 신뢰를 얻는 방법

조직에서 신뢰란, 조직구성원들이 상호간 공유하고 있는 기대 수준대로 잘 해 낼 것이라는 믿음이다. 어떤 사람에게는 기대수준이 높을 수 있고 어떤 사람에게는 기대수준이 낮을 수가 있다. 신뢰에서 가장 중요한 부분이 바로 공유하고 있는 기대 수준대로 되느냐 안 되느냐가 신뢰를 형성하는 중요한 요인이 된다.

예를 들면, 직장상사의 경우 직원들이 공유하고 있는 상사에 대한 기대수준이 있는데 그 수준대로 하면 믿을 수 있지만 그 수준대로 하지 못하면 신뢰가 형성되지 않는다. 부부간의 공유하고 있는 기대수준, 자식이 부모에 대한 공유하고 있는 기대수준, 부모가 자식에 대한 공유하고 있는 기대수준, 직원들이 경영자에 대하여 공유하고 있는 기대수준, 경영자가 직원들에 대하여 공유하고 있는 기대수준 등에 대하여 만족하면 신뢰가 형성되지만 그렇지 못할 경우 신뢰는 형성되지 않는다.

여러분들의 경우 가장 신뢰하는 사람은 누구인가? 아마 부모가 될 것이다. 만약 우리가 서로에 대한 신뢰가 무너지면 어떻게 되겠는가? 우리는 주위 사람들을 100% 믿기는 쉽지 않다. 그렇지만 어느 정도는 상대방을 신뢰하면서 살아가고 있다. 엄마가 해주는 음식에 대하여 신뢰하지 못하면 어떻게 음식을 먹을 수 있겠으며, 미장원에서 머리를 하는데 미용사를 신뢰하지 않는다면 머리를 맡길 수 있는가? 면도를 해야 하는데 면도 사를 믿지 못하면 어떻게 면도를 맡기겠는가?

목욕탕에서 목욕을 하는데 목욕탕을 신뢰하지 않으면 목욕할 수 있겠는가? 영화관에서 영화를 보는데 불이 날 것 같다면 영화를 제대로 볼 수 있겠는가? 조직에서 구성원들이 제품을 갖고 도망간다고 생각한다면 조직 구성원들에게 물건을 맡길 수 있겠는가? 신뢰가 형성되지 않으면 아무것도 할 수 없다. 특히 신뢰가 형성되지 않으면 중요한 일을 맡길 수 없을 뿐만 아니라 지속적으로 함께 일을 할 수 없게 된다.

기본적인 신뢰가 형성되지 않을 경우 아무것도 같이 할 수 없다. 그렇기 때문에 회사에서 가장 중요한 일은 가장 신뢰하는 사람에게 맡기게 된다. 그래서 신뢰가 중요하다. 나는 과연 신뢰할 만한 사람인가?

업무적인 신뢰와 인간적인 신뢰형성

조직에서 신뢰를 형성하는 방법을 보면, 첫째, 업무적인 신뢰형성이 있고, 둘째, 인간적인 신뢰형성이 있다. 신뢰를 형성하면 대부분 인간적인 신뢰만 많이 이야기하는데 업무적인 신뢰도 상당히 중요하다는 것이다.

조직에서는 업무적인 신뢰를 형성해야 한다. 일을 맡겼는데 일을 맡긴 사람의 기대수준에 어긋나게 일을 했다면 업무에 대한 신뢰가 형성되지 않는다. 이러한 일이 지속될 경우 중요한 업무를 다시는 이 사람에게 맡기지 않을 뿐만 아니라 같이 일을 할 수 없게 된다.

업무적으로 신뢰를 형성하기 위해서는 일을 할 때 주인의식을 갖고 일을 해나가야 신뢰를 받을 수 있다. 주인의식이란 누가 일을 시키기 전에 자기가 알아서 일을 찾아서 하는 것이다. 주인의식을 갖고 일을 하여 주인의 신뢰를 얻어서 성공한 사례는 너무나도 많이 있다. 비록 내가 하고 있는 일이 내 사업체가 아니더라도 현재 처한 환경에서 일을 할 때 주인처럼 일을 하면 반드시 주인의 신뢰를 얻을 수 있다. 그렇게 되면 주인집에서도 성공할 수 있을 뿐만 아니라 다른 곳에 가더라도 성공한 삶을 살 수 있다.

|| 링겔만 효과(Ringelmann Effect) ||

집단 속에 참여하는 개인의 수가 늘어날수록 성과에 대한 1인당 공헌도가 오히려 떨어지는 현상을 링겔만 효과라고 한다. 시너지효과(Synergy Effect)의 반대이다. 협력과 상호보완을 통해 1+1=2 이상을 만드는 것이 되어야 하는데 현실은 그 반대의 효과가 나타나는 경우가 많다.

100여 년 전 독일의 심리학자 링겔만은 줄다리기를 통해 집단에 속한 각 개인 공헌도의 변화를 측정하는 실험을 하였다. 개인이 당길 수 있는 힘의 크기를 100으로 보았을 때 2명 3명 8명으로 이루어진 각 그룹은 200, 300, 800의 힘이 발휘될 수 있을 것으로 기대 되었다.

그러나 실험결과에 의하면 2명으로 이루어진 그룹은 잠재적인 기대치의 93%, 3명은 85%, 8명은 49%의 힘의 크기만 작용한 것으로 나타났다. 즉 그룹 속에 참여하는 개인의 수가 늘어날수록 1인당 공헌도가 오히려 떨어지는 현상이 발생한 것이다.

이는 혼자서 일할 때보다 집단 속에서 함께 일할 때 노력을 덜 기울이기 때문에 나타나는 현상이다. 따라서 리더는 팀 구성원 한 사람 한 사람의 능력이 낭비됨이 없이 100% 발휘할 수 있도록 많은 노력을 기울여야 한다. 각 개인은 링겔만 효과에 빠져 있지 말고 주인의식, 대표의식을 갖고 일할 때 상대방에게 신뢰를 얻을 수 있다.

44

갈등비용을 최소화 하라

갈등의 이해

갈등이란 무엇인가? 갈비를 먹을 것인가? 등심을 먹을 것인가? 갈등을 겪어 본 적이 있는가? 갈라서지도 못하고 등을 대고 자본 적이 있는가? 갈등이란 무엇인가? 갈등이란 동시에 두 개 이상의 상반된 충동, 동인 및 내외적인 욕구가 발생했을 때 나타나는 거의 비슷한 힘이 대립된 상태인데 이 상태에서 당사자가 갈등의 존재를 인식하고 있을 때 갈등이 발생했다고 볼 수 있다.

갈등(葛藤)의 갈(葛)은 칡 갈 자이고 등(藤)은 등나무 등 자이다. 칡은 왼쪽으로 감아 올라가고 등나무는 오른쪽으로 감아 올라간다. 두 나무가 한 곳에 만나면 서로 먼저 감아 올라가려고 하기 때문에 두 나무가 서로 뒤 엉킨다는 데서 유래된 말이다.

인간 최초의 갈등은 언제부터인가? 성경 창세기 3장 5절에서 6절 너희가 그것을 먹는 날에는 너희 눈이 밝아 하나님과 같이 되어 선악을 알 줄을 하나님이 아심이니라. 여자가 그 나무를 본 즉 먹음직도 하고 봄직도 하고 지혜롭게 할 만큼 탐스럽기도 한 나무인지라 여자가 그 실과를 따먹고 자기와 함께 한 남편에게도 주매 그도 먹은지라. 에덴동산의 선악과를 먹을까 말까 하다가 결국 먹었다. 이것이 인간최초의 갈등이다.

인간의 기본적인 내적 갈등

인간은 기본적으로 갈등을 겪게 된다. 프로이드에 의하면 사람의 마음에는 세 가지 즉 본능(id), 자아(ego), 초자아(superego)로 구성된다고 보았다. 본능은 주로 쾌락의 원칙에 의해서 지배되며, 자아는 현실의 원칙에 의해 지배되고, 초자아는 도덕이나 양심에 의해서 지배된다. 본능이란 자기에게 쾌락을 주는 것은 모두 하고 싶은 대로 하는 것이다. 먹고 싶은 대로 먹고, 자고 싶은 대로 자고, 싸고 싶은 대로 싸는 것이 모두가 본능이다.

대부분이 유아시절에는 본능에 의해 행동이 지배된다. 그런데 이 본능이 나이가 듦에 따라 서서히 현실의 원칙인 자아가 형성된다. 하고 싶고 먹고 싶어도 현실적으로 보아서 해야 되는지 하지 말아야 되는지에 따라 행동이 결정된다. 이것이 자아에 의해 행동이 지배되는 것이다.

초자아는 하고 싶은 것 먹고 싶은 것도 자신의 도덕이나 양심에 의해 하느냐 하지 않느냐를 결정하는 것이다. 인간은 항상 이 세 가지가 매일 매일 갈등을 유발한다. 이 중 어떤 놈(?)이 이기느냐에 따라 그 사람의 행동이 결정된다. 예를 들면 술을 마시고 2차를 갈 것인가? 말 것인가?

이 세 놈이 치열하게 싸운다. 본능이 이기면 무조건 2차 간다. 자아가 이기면 돈이 없어서 2차를 가고 싶어도 못 간다. 또는 아내에게 잔소리 들을 까봐서 그냥 집으로 간다. 이것은 현실의 원칙에 의해 지배되는 자아가 이긴 경우이다. 초자아가 이기면 가고 싶어도 도덕이나 양심에 비추어 2차 가지 말고 일찍 집에 들어가서 아이들과 놀아 주는 것이 바람직하다 등으로 생각해서 집에 가면 초자아가 이기는 경우이다.

갈등은 있는 것이 좋은가? 없는 것이 좋은가?

이처럼 인간은 매일 매일 갈등을 겪고 있다. 이러한 갈등은 삶에 활력소가 되기도 한다. 그런데 이 갈등이 지나치면 스트레스가 된다. 갈등이란 있는 것이 좋은가? 없는 것이 좋은가? 전통적인 견해에 의하면 모든 갈등은 바람직하지 못하다는 견해이다.

그러나 행동주의적 관점에서는 적절한 갈등은 구성원들의 창의력을 증가시킨다고 보고 있고 상호 주의적 견해에 의하면 갈등을 조장하는 것이 필요하다고 본다. 갈등이 전혀 없으면 환경변화에 잘 적응하지 못하고 무사안일에 빠질 수 있다. 의욕을 상실할 수도 있다. 갈등이 너무 심하면 혼란과 분열을 초래할 수 있다. 갈등은 적절한 수준에서 관리할 필요가 있다. 적절한 갈등은 변화를 지향할 수 있고 문제해결을 활발하게 하며 적극적인 목표활동을 할 수 있게 한다.

갈등의 종류

갈등의 종류에는 개인 내 갈등, 개인 간 갈등, 조직 내 갈등, 조직 간 갈등 등이 있다. 개인 내 갈등은 혼자서 내면적으로 겪고 있는 갈등이며, 개인 간 갈등은 사람과 사람간의 발생하는 인간관계의 갈등이고 조직 내 갈등은 조직 구성원들 간의 갈등이며 조직간 갈등은 조직과 조직 간의 갈등이다.

개인 내 갈등의 경우 좌절에 의한 갈등, 목표 갈등, 역할갈등이 있다. 좌절에 의한 갈등의 경우 갈증을 해소하기 위해 물이 있는 곳을 찾아 갔는데 문이 닫혀 있을 경우 좌절하게 된다. 이럴 경우 어떤 사람은 공격적인 행동을 한다. 문을 차거나 욕을 한다. 어떤 사람은 철회한다. 문에서 되돌아온다. 어떤 사람은 집착한다. 문을 열기 위해 계속 노력한다. 어떤 사람은 타협한다. 방으로 가서 맥주를 마신다.

목표 갈등의 경우 ① 접근 · 접근 갈등이 있다. 둘 이상의 목표가 개인에게 긍정적인 결과를 가져다주지만 상호 배타적일 때 발생한다. 예를 들면 서울대학교에도 합격하고 연세대학교에도 합격했을 경우 어디에 가야 할 것인가?와 같은 갈등이다.

② 접근·회피갈등이 있다. 어떤 목표가 긍정적인 속성과 부정적인 속성을 동시에 지니고 있을 때 발생하는 것이다. 예를 들면 장기적인 계획을 수립하고 싶은데 예산이 부족해서 실제로 집행을 못하는 경우, 대학교를 다니고 싶은데 등록금이 없어서 입학 할 수 없는 경우 등의 갈등이다.

③ 회피·회피갈등이 있다. 즉, 둘 이상의 목표가 개인에게 부정적인 결과를 주며 상호 배타적일 때 발생한다. 직속 상사가 마음에 들지 않지만 마땅히 떠날 직장이 없는 경우가 회피·회피 갈등이다.

역할갈등의 경우 나의 부모님에게는 자식으로서의 역할을 해야 하며 나의 자식들에게는 부모의 역할을 해야 하는 것과 같은 것이다. 조직에서는 상사의 역할과 부하의 역할을 동시에 해야 하는 갈등이 있다. 역할 갈등은 자신이 기대하는 역할과 상대방이 기대하는 역할이 모호할 때 역할 갈등이 심하게 발생한다. 가정에서 부부 사이에 배우자에 대한 기대수준이 서로 차이가 있을 때 갈등이 많이 발생한다. 개인 간 갈등과 조직 내 갈등 해결 방법은 좋은 인간관계를 유지해야 하며 소통하기를 잘 해야 한다.

조직간 갈등의 경우 갈등이 발생하는 이유는 다양하다. ① 조직 간 목표가 일치하지 않는 경우이다. 생산부서의 목적은 생산비용을 절감

하거나 불량품을 줄이는 단기적인 목표를 추구한다. 연구개발 부서의 목적은 혁신적인 신제품개발이다. 장기적인 목표를 추구한다. 영업부서에서는 판매를 목적으로 어음을 받을 수 있게 영업하지만 경리부서는 현금을 받기를 원할 때 갈등이 발생할 수 있는 예들이다.

해결하는 방법으로는 두 조직 간의 무엇이 문제인가를 토의하여 공동의 목표를 만들게 하거나 제3의 목표를 설정하여 함께 협력하도록 하는 방법이 있다. ② 과업 또는 조직 간의 상호의존성이 높은 경우이다. 상호의존성에는 공통적인 상호의존성 즉, 영업사원이 자기 구역에 다른 영업사원이 침범하는 경우가 좋은 예이다. 순차적 상호의존성 즉, 앞의 공정과 뒤의 공정 사이에 있는 조직 간의 갈등 문제이다. 상호 호의적 상호의존성 즉, 생산부서와 마케팅 부서 간에 발생할 수 있는 갈등이다. 해결하는 방법으로는 순환보직, 일일 교환 근무제, 상대방 부서에 대한 관심과 대화 등이 있다. 그 외에 의존 관계를 감소시킬 수 있는 조정 부서를 설치할 수도 있다.

③ 각종 자원이 부족하거나 이를 얻기 위한 경쟁이 있을 경우이다. 부족한 자원 때문에 전쟁을 야기 시키는 경우가 여기에 해당된다. 대체 에너지를 개발하거나 부족한 자원을 다른 방법으로 해결하는 방법을 모색해야 한다.

④ 가치관이나 신념에 차이가 있을 경우이다. 환경을 지켜야 할 것인가? 개발할 것인가? 가치관이나 신념의 차이는 끊임없는 대화를 통하여 서로의 가치관을 좁혀 나가야 한다. ⑤ 관점 차이가 있을 경우

이다. 즉 종교나 종파, 자유나 평등과 같은 중요한 가치에 대한 견해 차이, 성장이냐 분배냐의 차이, 목표달성에 대한 수단과 방법의 차이 등이 있다. 이 부분 또한 마찬가지이다. 대화를 통해 조정해 나간다.

⑥ 애매하거나 결여되어 있거나 중복되는 규정이나 절차 방침이 있을 경우이다. 규정이나 절차가 애매하면 갈등이 많이 발생한다. 이 부분은 명확한 규정이나 절차 방침을 새롭게 만든다. ⑦ 부적절한 보상 때문에 일어나는 갈등이다. 보상 문제의 경우 공정한 보상 시스템을 구축한다. ⑧ 의사소통이 잘 안될 경우에는 의사소통 활성화 방법을 모색해보면 된다.

갈등관리 유형

갈등을 관리하는 유형에는 5가지가 있다. 첫째, 강압적 방법이다. 자기 방식을 선택하여 갈등을 처리한다. 의견이 분분하여 합의점을 찾지 못할 경우, 갈등을 빨리 해결하지 못할 경우 조직 상황에 중대한 영향을 미칠 때, 조직의 목표나 방향을 반드시 관철해야 할 경우에는 강압적인 방법으로 갈등을 관리할 수 있다.

둘째, 회피적 방법이다. 문제를 문제로 인식하지 않으면서 갈등을 관리하는 방법이다. 예를 들면, 하찮거나 사소한 일일 경우 즉, 사무실 청소를 오늘 할까 내일할까? 상대방과 감정이 격앙되었을 때에도 이 갈등관리 방법을 사용하면 도움이 된다.

셋째, 절충적 방법이다. 이 방법은 상호 일부분을 포기한다. 예를 들면, 국회의장은 여당이 하고 부의장은 야당이 하는 정치적 타협, 그리고 있을 수 있는 해결 방안에 대해 서로 다 강한 이해관계가 있을 경우 이 관리 방법을 사용하면 된다.

넷째, 순응적 방법이다. 이 방법은 타인의 방식을 따른다. 양보해야 할 경우, 양보를 얻어내기 위한 방법으로 순응적인 방법을 사용하기도 한다.

다섯째, 공동적 방법이다. 이 방법은 문제를 함께 해결한다. 시너지 창출이 중요할 때, 서로의 관계 유지가 중요할 때, 시간이 충분할 때, 지위 또는 능력 등에서 사람들 간의 갈등일 경우에 사용하는 방식이다.

‖ 메기와 청어이야기 ‖

북쪽 바다에서 청어 잡이를 하는 어부들의 가장 큰 관심사는 어떻게 하면 북해도로부터 먼 거리에 있는 런던까지 청어를 싱싱한 모습 그대로 살려서 가지고 갈 수 있을까 하는 것이었다. 모든 어부들이 관심을 쓰고 잘 해도 배가 런던에 도착해보면 청어들은 거의 다 죽어 있는 것이어서 언제나 골치였다.

그런데 한 어부만은 언제나 북해에서 잡은 청어들을 싱싱하게 산 채로 런던에 가지고 오는 것이었다. 동료 어부들이 이상해서 그 어부에게 물어보았으나 그는 비밀이라고 하며 그 이유를 가르쳐주지 않았다. 그런데 그 어부가 많은 동료들의 간청에 못 이겨 그 비법을 공개하였다. "나는 청어를 잡아넣은 통에다 메기를 한 마리씩 집어 넣습니다." 그러자 모든 어부들이 눈을 휘둥그레 뜨면서 "그러면 메기가 청어를 잡아먹지 않소?"라고 이구동성으로 물었다.

그는 통쾌하게 웃으면서 "네, 메기가 청어를 잡아먹습니다. 그러나 메기는 두세 마리밖에는 못 잡아먹지요. 그 대신 통 안에 있는 수백 마리의 청어들은 잡혀 먹히지 않으려고 계속 도망쳐 다니지요. 런던에 올 때까지 청어들은 마치 올챙이들처럼 열심히 도망 다니고 있습니다. 먼 길 후에 런던에 도착 해봐도 청어들은 여전히 살아서 싱싱합니다. 다 살아 있거든요!"

45

나의 이미지는 어떻게 평가되고 있는가?

이미지의 가치

평소에는 매우 조용하고 차분하지만 술만 마셨다 하면 망가지는 여성을 생각해 보자. 평소의 차분하고 조용한 이미지를 먼저 많이 보아왔던 사람들의 80%는 그 여자는 술버릇만 나쁘지 조용하고 정숙하다라고 하는 반면에 술에 취해 망가진 모습을 먼저 본 사람들의 80% 정도는 그 여자는 그렇고 그런 여자라고 평가한다는 것이다.

다음 내용을 상상해 보라. 인상이 좋지 않은 사람이 복도에서 커피를 마시면서 이쪽으로 걸어오고 나도 커피를 마시면서 복도를 걸어가고 있다. 그런데 인상이 좋지 않은 사람이 나에게 커피를 엎질렀을 경우 나는 인상이 좋지 않은 사람에게 무슨 말을 할 것인가? 아마 세탁비용 달라고 할지 모른다. 어떤 사람은 이렇게 질문하니까 인상이 좋지 않은 사람이 저쪽 복도에서 걸어오면 마주치지 않고 다른 곳으로 피해서 간다고 대답하는 사람도 있다. 이번엔 반대로 내가 커피를 상대방에게 무심결에 엎질렀다고 가정해 보자 어떤 소리를 들을 것인가? 상대방 이미지에 따라 사람들은 반응하는 형식이 달라질 수 있다.

대관령 양떼 목장에 가면 양들이 이미지가 좋은 사람이 지나가면 다 내려온다는 전설이 있다. 김태희가 지나가니까 몇 마리가 내려왔는가? 다 내려왔다. 저자가 지나가니까 몇 마리가 내려왔는가? 한 마리다. 그 한 마리가 내려와서 혼자 중얼거리고 있었다. 뭐라고 하는지 가서 들어보니까? 어떤 새끼가 밀었어! 유머다.

여러분들이 과일가게에서 과일을 산다고 가정해 보자. 어떤 과일을 고를 것인가? 아마 겉모습이 쭈글쭈글하고 얼룩이 많이 진 과일을 고르지는 않을 것이다. 겉모양이 반들반들하고 예쁜 것을 선호할 것이다. 과일을 고를 때도 이렇게 겉모습 이미지를 본다. 과일은 스스로 이미지를 만들어 낼 수 없다. 사람이 이미지를 만들어 주는 것이다. 그런데 인간은 스스로 자신의 이미지를 만들어 낼 수 있다. 이것이 이른바 이미지 관리(image making)이다.

이미지 관리에서 인상이론

이미지관리란 '나를 나답게 표현할 수 있는 것'이다. 최근에는 영상매체의 발달로 인하여 보는 것이 더욱 중요하게 부각되고 있다. 이미지 관리에서 중요한 것은 우선 첫인상관리이다. 사람이 첫인상을 보고 그 사람을 판단하는 데에는 학자들에 따라서 2-5초 안에 결정한다는 것이다. 첫인상을 갖고 나머지 부분을 생각하게 된다.

인상이론 중 일관성오류 이론이 있다. 이 이론에 의하면 사람이 한번 판단을 내리면 상황이 달라져도 그 판단을 지속하려고 하는 경향이 있다는 것이다.

인지적 구두쇠(cognitive miser) 이론이 있다. 사람들은 상대방을 판단하는 데 많은 노력을 들이지 않고 쉽게 결정하려고 하는 경향이 있다는 것이다. 이 말은 '인지적 경제성 원리'이다. 처리할 정보가 많을 때 한 번에 다 처리할 수 없어서 정보가치가 가장 높은 것만 골라서 먼저 처리하는 경향이 있다.

물고기를 한번 그려보십시오. 아마 대부분의 사람들이 물고기의 옆면을 그렸을 것이다. 옆면, 앞면, 윗면, 밑면, 뒷면이 있는데도 불구하고 사람들은 물고기의 옆면을 그린다. 그 이유는 그리는 사람도 보는 사람도 옆면을 그릴 때 가장 빨리 자신의 생각을 표현하고 표현된 것을 쉽게 알아 볼 수 있기 때문이라고 한다.

노력을 덜 들이면서 효과는 높게 올리려고 하기 때문이다. 인지적 구두쇠의 이론은 대통령 선거에서 후보를 선택할 때도 통한다. 유권자들 대부분은 이성적 판단보다는 감성적 판단에 의존한다. 사람들은 후보를 이미지로 판단하는 경향이 강하다.

첫 인상에 미치는 영향

첫 인상에 영향을 미치는 요인들에는 그 사람의 표정, 매너와 에티켓, 자세와 신체언어, 패션 칼라와 스타일, 머리 스타일, 메이크업, 화술 등이 있다. 한 연구에 의하면 각 회사에서 구직지원자들의 면접과 급여를 결정하는 풍부한 경험이 있는 대상자들을 중심으로 모의 면접을 실시하였는데 이미지가 좋지 않은 사진을 포토샵 처리하여 이미지가 좋은 사진으로 바꾸어 면접관에게 보여 주었을 때 바꾸기 전보다 급여를 8-20% 정도 높게 책정한 결과도 있다.

이미지가 이렇게 중요한 이유 중의 하나는 오관에 의한 지각 정도가 시각이 75% 영향을 미치고 청각이 13% 그 다음 후각, 미각, 촉각이 12% 영향을 미치기 때문에 이미지의 중요성을 간과할 수 없다. 우리가 사람들을 만날 때 첫 만남에서 호감을 가질 경우 심리적으로 상대방과 좋은 관계를 맺기 원한다. 반면에 비호감을 가질 경우 심리적으로 관계를 맺지 않으려고 한다.

그러므로 호감의 반응을 만들어 내는 것이 중요하다. 호감의 반응을 만들기 위해서 우선 상대방과의 관계에서 이미지를 형성하는 요소 중 알버트 메라비언(Albert Mehrabian)에 의하면 비언어적인 요소가 55% 영향을 미친다는 것이다. 용모나 복장이나 표정, 인사나 예절 등 비언어적인 요소인 시각적인 부분이 가장 큰 영향을 미친다는 것이다.

그 다음 언어적인 요소인 말씨나 화법화술이 38% 영향을 미친다. 마지막 말의 내용 즉 메시지는 7%밖에 영향을 미치지 않는다. 즉, 말의 내용이 7%, 어조나 억양이 38%, 표정이나 자세가 55% 상대방에게 영향을 미친다. 그러므로 이미지를 형성하는 것은 말의 내용이 중요한 것이 아니라 비언어적 요소인 시각적으로 보이는 것에 의해 대부분이 결정된다. 그러므로 시각적인 이미지를 잘 관리해야 한다. 여성들이 가장 많이 하는 것이 성형수술이다. 그 이유는 시각적 이미지를 관리하기 위한 것이다.

여러분들은 사람을 처음 만났을 때 어디부터 보는가? 어떤 사람은 다리, 허벅지, 엉덩이 등으로 농담 삼아 이야기하는데 대부분의 사람들은 처음 만나면 그 사람의 얼굴을 본다. 얼굴 중에서도 눈을 가장 먼저 보게 된다, 그러므로 인상은 어디에서 오는가? 눈에서 나온다. 그러므로 인상을 좋게 하기 위해서는 어떻게 해야 하는가? 웃어야 한다. 웃는 모습의 인상이 최고 좋은 인상이 아닌가? 인간의 웃음 중 가식이 없는 긍정적 정서가 반영된 환한 웃음을 심리학자 폴 에크만은 뒤셴의 미소라고 한다. 가식적인 웃음보다 내면에서 우러나오는 웃음이나 미소를 짓는 사람들이 건강하고 결혼생활도 잘 하며, 평균소득 등 모든 분야에서 월등하게 높은 만족도를 보인다는 것이다. 여자들 성형수술 가장 많이 하는 부위가 어딘가? 쌍꺼풀 수술이다. 왜냐하면 눈이 예뻐야 인상이 좋기 때문이다. 수술도 좋지만 내면의 기쁨을 찾는 것이 중요하다. 이미지에는 외적 이미지와 내적

이미지가 있다. 외적 이미지에는 생김새, 얼굴표정, 옷차림, 메이크업, 자세 등과 같은 시각적 이미지를 말하며 내적 이미지에는 매너, 성격, 가치관, 지적 수준, 인간미, 신뢰감, 겸손함 등과 같은 것을 말한다.

인상을 관리하기 위한 몇 가지 법칙

첫째, 콘크리트 법칙이 있다. 이 법칙은 인상이 한번 결정되면 바꾸기가 쉽지 않다는 것이다. 첫인상은 콘크리트처럼 쉽게 굳어져버린다는 것이다. 우리 뇌는 처음 보고 느낀 것을 가장 오래 기억하도록 되어 있다. 그러므로 첫인상은 지속성이 있다. 한번 이미지화된 첫인상을 바꾸는 데는 무려 40시간의 재 면담이 있어야 한다는 것이다.

사실상 40시간을 재면담하기란 가족 외에는 쉽지 않다. 그러므로 첫인상이 중요하다. 정치인 중 이회창의 이미지는 '대쪽이미지'였다. 2007년 대통령선거에서는 그 대쪽 이미지를 바꿔보려고 수십 년간 써온 무테안경을 얇은 금속으로 바꾸기도 하고, 특유의 뾰쪽한 턱을 부드럽게 처리하도록 해도 차가운 대쪽이미지를 벗어나는 데는 한계가 있었다는 것이다. 이미지 경영의 저자인 매리 미첼은 '첫 이미지를 만들 수 있는 두 번의 기회란 없다'고 주장한다.

둘째, 부정성의 법칙이 있다. 한번 전과자는 사회에 발붙이기 힘들다고 하듯이 부정적인 특징이 긍정적인 것보다 인상형성에 더 강력하게 작용하는 것. 다른 사람에게 어떤 사람에 대한 평가를 부탁했을 때 그 평가가 부정적인 피드백이 되었을 경우 좋은 사람임에도 불구하고 부정적인 측면만 보이게 된다. 만일 어떤 사람이 당신에 대하여 사기꾼이라는 말을 다른 사람을 통해서 들었다고 가정해보자. 그 사람이 당신을 만났을 때 당신이 사기꾼이 아니더라도 사기꾼의 인상을 가지게 된다는 것이다. 이러한 나의 부정적인 인상은 회복하기가 어렵다는 것이다. 이런 것들이 부정성의 법칙이다.

셋째, 거울법칙이 있다. 거울은 절대 먼저 웃지 않는다. 내가 상대방과의 관계에서 내가 웃지 않으면 상대방도 웃지 않을 가능성이 많다는 것이다. 인사를 할 때 실험 한번 해보라. 내가 먼저 '안녕하세요. 만나서 반갑습니다.' 웃으면서 하면 상대방도 웃으면서 그렇게 인사할 것이다. 반면에 무뚝뚝하거나 아무 표정 없이 인사를 하면 상대방도 똑같이 그렇게 인사할 것이다.

넷째, 본뜨기법칙이 있다. 이 법칙은 내가 좋아하는 사람의 모습을 그대로 따라하면 그 사람과 좋은 관계를 형성하는 데 도움이 된다는 것이다. 다리를 꼬고 앉으면 나도 다리를 꼬고 앉거나, 팔짱을 끼고 있으면 나도 팔짱을 한다. 이것이 본뜨기법칙이다. 회사에서 존경하는 상사가 있으면 그 사람의 행동을 모방하는 예가 바로 이것이다. 상사가 피우는 똑같은 담배를 피운다든지 상사의 자세를 따라하는 행동 등이 바로 이러한 예이다.

첫 인상을 좋게 하는 방법

첫 인상을 좋게 하려면 다음과 같이 하면 된다. 첫째, 표정(face)을 잘 관리하라. 표정을 관리하기 위해서는 웃어야 한다. 미소를 지어라. 웃는 사람은 아름다운 사람이고 웃기는 사람은 훌륭한 사람이고 웃어주는 사람은 위대한 사람이다. 무표정한 얼굴은 상대방의 마음을 닫게 한다. 다른 사람들을 만났을 때 입가에 미소 띤 얼굴을 습관화 하라. 또한 입모양만 올라가는 것이 아니라 눈이 웃어야 진정한 미소이다. 의식적으로 미소 짓는 연습을 하면 몇 개월 또는 몇 년 후 당신은 좋은 인상의 소유자가 될 것이다.

연습방법으로 눈썹 위에 손가락을 대고 눈썹을 위로 아래로 몇 번씩 반복훈련한다. 그리고 볼에 바람을 넣고 전, 후, 좌, 우로 움직이는 연습을 많이 한다. 그 다음에는 개구리 뒷다리~~~처럼 ~~리자로 끝나는 발음 훈련을 많이 하면 입 꼬리가 올라간다.

둘째, 패션(fashion) 감각을 키워라. 즉 복장에 신경 쓰라는 것이다. 깔끔한 복장, 단정한 복장은 좋은 이미지를 형성하는 데 매우 도움이 된다. TPO(time, place, occasion) 즉 때와 장소와 상황에 맞는 복장을 선택하여 입는다.

셋째, 매너(manner) 좋은 사람이 되라. 매너 중 다른 사람들을 만날 때 냄새를 관리하라. 입 냄새, 땀 냄새, 몸에서 나는 나의 냄새를 관리하라. 상대방과 식사할 때. 식사 예절을 지켜라. 밥을 먹을 때 말을 너무 많이 하여 침이나 밥풀이 상대방에게 튀는 행동을 조심해라. 반찬을 먹을 때에도 숟가락이나 젓가락으로 이것저것 막 잡지 말고 자기가 먹을 것만 집어라. 머리 스타일을 관리하라. 머리를 감지 않아서 냄새가 나거나 새집 몇 마리 짓게 하여 절대로 나오지 마라. 코털이나 코딱지를 관리하라. 특히 코털의 경우 잘 정리되지 않으면 지저분해 보인다. 약속시간을 지켜라. 약속시간은 지키지 않는 만큼 인상은 구겨진다.

넷째, 이미지를 개발하라. 이미지를 개발하기 위해서는 ① 자기 자신에 대하여 알아야 한다(know yourself). 나의 이미지는 어떤지? 어떤 점이 좋고 어떤 점이 부족한지? 어떤 측면을 개발해야 하는지? 등을 분석해야 한다. ② 자신을 개발하라(develop yourself). 자신의 이미지를 개발하라. 외적 이미지 즉, 머리 스타일, 표정, 옷차림, 메이크업, 자세 등 시각적 이미지를 개발하라.

내적 이미지 즉, 매너, 성격, 가치관, 지적 수준, 인간미, 신뢰감 등도 개발할 필요가 있다. 탐미주의 작가인 오스카 와일드는 인간을 좋은 사람과 나쁜 사람으로 나누는 것은 무의미하다는 것이다. 인간은 매력이 있는가? 없는가? 둘로 나누어 질 뿐이다라고 했다. ③ 자신을 포장하라(package yourself). 우리가 물건을 팔 때 포장지나 디자인 등을 보고 구매한다. 개인도 이렇게 포장을 하라는 것이다. 나를 어떻게 포장을 하느냐에 따라 나의 몸값이 달라진다. ④ 자신을 팔아라(market yourself). 물건을 포장해서 적극적으로 홍보하고 물건을 판매하는 것처럼 자신도 잘 포장하여 시장에 홍보하는 것이다. 시장에 적극적으로 판매하는 것이다.

다섯째, 긍정적인 생각을 하라. 사람이 웃으려면 긍정적인 마인드를 갖고 있어야 한다. 긍정적인 마인드가 없으면 웃을 수 있는 상황에서도 웃지 못한다. 따라서 이미지를 좋게 하려면 긍정적인 생각을 먼저 해야 한다. 그래야 웃을 수 있고 웃어야 이미지가 좋아진다.

여섯째, 미인대칭경하라. 먼저 미소 짓고, 먼저 인사하고, 대화를 많이 하고, 칭찬하고, 경청하라는 것이다.

‖ 소와 사자 이야기 ‖

아주 옛날에 소와 사자가 살고 있었다. 둘은 너무 사랑하여 엄마 아빠의 반대에도 무릅쓰고 결혼하였다. 너무 사랑하기 때문에 둘은 최선을 다해서 서로를 섬겼다. 소는 소 나름대로 최선을 다하여 자기가 먹어본 음식 중 가장 싱싱한 풀과 야채 등을 육식동물인 사자에게 매일 갖다 주었다. 사자도 사자 나름대로 최선을 다하여 자기가 먹어본 음식중 가장 싱싱한 육회 고기 등을 채식동물인 소에게 매일 갖다 주었다. 처음엔 조금씩 먹었는데 둘이 이렇게 계속 최선을 다해서 결국 소와 사자는 엄마 아빠의 반대에도 불구하고 결혼했지만 헤어졌다는 것이다.

소 같은 최선, 사자 같은 최선의 경우 최선이 오히려 독이 될 수 있다. 우리도 그렇지 않은가? 나는 당신에게 최선을 다 해주는데 당신은 왜 나에게 그러냐? 나도 당신에게 최선을 다 해주는데 당신은 왜 나에게 그러냐? 우리가 최선을 다 한다고 할 때 특히 인간관계에 있어서는 상대방 입장에서 상대방이 원하는 것에 대하여 최선을 다 해야 한다. 나만을 위한 최선이 될 때 그 최선이 오히려 독이 될 수 있다.

5장

실천하는 팔 · 다리

46 **부자도 습관이고 1등도 습관이다** / 47 **나는 머슴인가? 주인인가?** / 48 **나의 부가가치를 높이려면 실천하라**

46

부자도 습관이고 1등도 습관이다

습관의 중요성

습관이란 어떤 행위를 오랫동안 되풀이하는 과정에서 저절로 익혀진 행동방식이다. 습관은 거의 무의식적으로 행해지며 선천적이기보다는 후천적인 행동이다. 일상생활 대부분을 습관적으로 한다. 아침에 일어나서 세수하고 밥 먹고 출근하고 퇴근하고 잠자고 하는 대부분이 그렇다. 습관은 반복과 강화에 의해 형성된다.

부자도 습관이고 1등도 습관이다. 부자는 부자가 된 습관이 있고 1등 하는 사람은 1등 하는 사람의 습관이 있다. 세 살 버릇 여든까지 간다는 말이 있다. 요즘은 세살 버릇 100살까지 간다고 속담이 바뀌었다. 평균수명이 그만큼 길어져서이다. 세 살 때의 습관이 평생 갈 수도 있다는 역설적 표현이다. 또한 습관은 제2의 천성이다라는 말도 있다. 성공하기 위해서는 습관이 중요하다. 부자들은 부자가 되게 한 습관이 있고 공부 잘 하는 학생은 공부 잘 하는 습관이 있다.

처음에는 내가 습관을 만들지만 나중에는 습관이 나를 만든다. 그러므로 어떻게 좋은 습관을 만들 것인가? 고민하고 나의 습관을 좋게 만들어 가는 방법을 연구해야 한다.

오리 농장에서 있었던 일이다. 집에서 키운 오리를 연못에 방류하였는데 오리가 물에 빠져 죽었다. 이상한 일이 아닌가? 오리가 왜 물에 빠져 죽었을까? 원인을 분석해 보니 이 집 오리는 한 번도 스스로 물에 들어가서 헤엄치는 연습을 해 보지 않았다. 헤엄치는 연습이 부족했다. 습관적으로 해야 했던 헤엄치는 연습을 전혀 하지 않아 물에 뜰 수 없었던 것이다.

우리가 하는 모든 행동들이 습관을 만들 뿐만 아니라 습관에 의해서 나오는 것이라고 해도 과언이 아니다. 오리가 헤엄치는 습관, 밥 먹는 습관, 앉는 습관, 걸어가는 습관, 말하는 습관, 상대방을 대하는 습관, 기도하는 습관, 묵상하는 습관, 공부하는 습관, 잠자는 습관, 이 모든 습관들을 잘 만들어야 한다. 줄 담배 피우는 습관, 지각하는 습관, 말만 하면 비판부터 하는 습관, 게임기 앞에 있으면 하루 종일 아무것도 하지 않아도 되는 습관, 밤만 되면 밤거리를 헤매는 습관 등 이런 습관이 나에게 있다면 빨리 고쳐야 한다. 습관을 후회할 때는 이미 습관에 충분히 중독되어 있을 때이다. 그러므로 좋은 습관을 만들어야 한다. 안 좋은 습관을 갖고 있는 것은 내 자신이 균형 잡힌 상태가 아니라는 암시이다.

삶의 어떤 부분에서 제대로 대처하지 못하고 있다는 의미이다. 나쁜 습관이 반복되는 것은 우리가 여전히 과거 어딘가에 머물러 있음을 뜻한다. 그러므로 현재를 온전히 살기 위해서는 과거의 문제를 정리할 필요가 있다. 독수리 알을 어미닭이 품게 하여 병아리와 함께 길러진다면 이 독수리는 과연 독수리답게 될까? 야생호랑이를 새끼 때부터 우리 안에 가두어 먹이를 주는 대로 받아먹게 한 후 호랑이를 야생에 풀어두면 과연 사냥을 제대로 할 수 있을까? 습관은 그 사람의 운명까지 결정할 수 있는 것이다. 자신을 사랑하는 습관, 남을 믿는 습관, 목표를 수립하는 습관, 근면 성실한 습관, 용기를 갖는 습관, 생활에 만족하는 습관, 시간을 구별하여 사용하는 습관, 늘 자기개발에 힘쓰는 습관, 약속을 지키는 습관, 어른을 공경하는 습관, 생각만 하지 않고 행동에 옮기는 습관, 상대방에게 협력하는 습관, 남을 도와주는 습관, 삶에 충실하는 습관, 근검절약하는 습관, 웃는 습관, 범사에 감사하는 습관, 이런 습관들이 내 삶에 있다면 얼마나 좋을까? 멋있는 옷은 나를 하루 동안 아름답게 하지만, 좋은 습관은 나를 평생 빛나게 한다.

김유신의 말(馬)

김유신 장군이 젊었을 때 천관이라는 기생집에 자주 들렀다. 그러자 어머니가 김유신이 부인과 부모에게 기쁨을 주지 못한다는 탄식을 하자 김유신은 그 기생집에 가지 않겠다고 다짐했다.

그러던 어느 날 김유신이 술에 취하여 말에 올라 잠이 들었을 때 그 말은 늘 하던 대로 눈에 익은 길을 따라 천관녀 집으로 갔다. 김유신은 자기도 모르는 사이에 천관녀 집에 와 있는 것을 알고는 칼로 말의 목을 베고 그 집을 떠났다.

이 이야기에서도 볼 수 있듯이 말은 누가 시키지 않았는데 습관대로 행동하였다. 김유신의 경우 자기의 습관을 고치기 위해서 자기 말의 목을 베어서라도 습관을 고치고자 하는 의지를 볼 수 있다.

47

나는 머슴인가? 주인인가?

上머슴 · 中머슴 · 下머슴

모 기업 회장이 청문회에 나와서 했던 말 중 직장생활 하는 사람들은 모두 다 머슴이라고 표현한 적이 있다. 그런데 그 머슴도 上머슴이 있고, 中머슴이 있고, 下머슴이 있다는 것이다. 상머슴은 주인의식을 갖고 회사에서 모든 일들을 찾아서 하는 사람은 상머슴에 해당한다. 중머슴은 시키는 일만 제대로 하는 사람이며, 하머슴은 시키는 일만 하되 시키는 일도 제도로 잘 못해 내는 사람이다.

나는 상머슴인가? 하머슴인가? 아니면 주인인가? 그런데 상머슴은 나중에 주인이 될 수 있다. 내가 회사에서 주인의식을 갖고 열심히 일하다 보면 그 회사에서 성공하여 회사의 대표가 될 수도 있고 그렇지 않으면 회사를 그만 두고 사업을 하던 장사를 하던 어떤 일을 해도 성공해 나갈 수 있다.

그런데 하머슴의 경우에는 시키는 일만 하고 시키는 일도 제대로 못했던 사람은 그 회사에서도 항상 노예처럼 시키는 일만 해 왔을 뿐만 아니라 회사를 그만 두더라도 제대로 일을 해 나갈 수 없다. 왜냐하면 매일 시키는 일만 10년 20년 동안 했기 때문에 그것이 습관화 되어 자신의 일을 해도 잘 해 나갈 수 없다는 것이다.

결국 주인의식을 갖고 일을 한다는 것은 본인을 위한 것이다. 마당쇠는 마당을 언제 쓸어야 하는가? 마님이 마당쇠야 마당을 쓸어라!고 할 때 마당을 쓸어야 하는가? 아니면 자신이 봐서 마당을 쓸어야 할 때를 찾아서 마당을 쓸어야 하는가? 노예나 하머슴은 누가 시키지 않으면 하지 않고 누가 시켰을 때 하는 사람은 노예근성이 있는 사람이다. 누가 시키지 않아도 자기가 알아서 찾아서 하는 사람은 노예가 아니라 주인인 것이다. 이것이 바로 주인의식이다.

주인의식은 성공의 지름길

어떤 일을 하던지 주인의식이 없는 사람은 그 분야에서 성공할 수 없다. 내가 주인이라는 의식을 가질 때 성공은 눈앞에 보이게 된다. 주인의식을 가져서 성공한 예들은 우리주변에서 너무나 많이 볼 수 있다. 내가 직접 사업체를 갖고 있지 않더라도 어떤 주인 밑에서 열심히 성실하게 생활하여 주인의 마음에 들어서 그 사업체를 종업원에게 맡긴 예들은 너무나 많다. 환경이나 주위 탓 하지 말고 현재 있는 위치에서 열정을 갖고 성실하게 생활하다 보면 내 스스로 주인이 될 수 있을 뿐만 아니라 주위에서 주인을 만들어 주는 경우도 있다.

주인의식이란? 이런 것이다. 내가 현재 위치하고 있는 곳의 '대표'라는 생각을 갖고 있는 것이다. 그것이 바로 주인의식이다. 우리 집의 주인은 아빠 엄마도 아니요 내가 대표이다. 우리 회사의 주인은 사장님도 임원도 팀장도 아닌 내가 대표이다. 내가 대표라고 생각하면 나의 생각, 말, 행동 등이 모두 대표답게 할 것이다. 이것이 바로 주인의식이다.

대표하는 사람이 함부로 하지는 않을 것이다. 책임감을 갖고 행동할 것이다. 이런 주인의식은 어디에서 나올까? 본인이 속한 곳에 대한 사랑하는 마음이 있어야 주인의식이 나온다. 흔히 사람들은 조직의 리더가 이렇게 해 주면 주인의식을 가질 텐데, 팀장이 이렇게 해 주면 주인의식이 높아질 텐데라고 생각한다. 이렇게 생각하는 사람들은 모두 하인의식, 노예의식을 갖고 있는 사람들이다. 하머슴들이다.

주인의식이란 내가 먼저 대표 의식을 갖는 것이 중요하다. 누가 나에게 어떻게 해 주기를 바라는 것이 아니라 내가 대표인데 누가 누구를 탓하고 원망하겠는가? 내가 제일 먼저 잘 해야지. 그러므로 주인의식을 가진 사람들은 모두 ○○때문에라고 말하는 것이 아니라 ○○에도 불구하고라고 말한다. 팀장 때문에 못한다. 분위기 때문에 어쩔 수 없다고 하는 것이 아니라 팀장이 그렇게 함에도 불구하고 나는 이렇게 한다. 분위기가 좋지 않음에도 불구하고 나는 이렇게 한다는 의식을 갖는다.

○○하면 ○○한다. 돈 벌면 부모님께 용돈 많이 드리겠다가 아니라 적은 금액이지만 지금 나는 부모님께 용돈을 드린다. 지금 효도한다. 지금 한다는 것이다.

‖ 로버트 치알디니의 일관성의 원리 ‖

휴가중 해변에서 일광욕을 즐기던 사람이 녹음기를 틀어놓고 음악을 즐기다 바닷물에 뛰어든다. 주위에는 휴가를 즐기는 사람들이 많이 있었다. 도둑 역할을 맡은 사람이 녹음기와 옷을 들고 달아난다. 누가 봐도 도둑임이 분명하다. 이러한 실험을 20회 한 결과 옆에 있던 사람들 중 4명만이 도둑을 잡으려고 시도했다.

같은 상황인데 하나만 바꿔보았다. 이번엔 일광욕을 즐기던 사람이 바닷물에 뛰어들기 전 "제 물건 좀 봐 주세요"라며 직접 옆 사람에게 부탁했다. 20명 중 18-19명이 도둑을 잡으려고 위험을 무릅썼다.

미국 심리학자 로버트 치알디니 박사는 이것을 '일관성의 원리'로 해석했다. 당사자에게 지켜주겠다고 약속한 만큼 자신의 말에 일관성을 유지하기 위해 즉, 약속을 지키기 위해 애쓰게 된 결과라는 것이다.

자신이 주목받지 않는 방관자로 취급받을 때 의식적이든 무의식적이든 사람은 최선을 다하지 않는다. 혼자만 책임일 경우나 자신이 그렇게 하겠다고 약속한 경우에는 위험까지 감수한다.

회사나 조직은 개인들이 각자 활동할 때보다 팀으로 활동하면 더 큰 힘을 발휘할 수 있을 것으로 기대한다. 그러나 전체의 힘이 개인의 힘의 합보다 적을 수 있다. 현실에서 성과를 높게 하려면 '주인의식'을 심어주는 것이 방관자가 되지 않도록 하는데 도움을 준다.

48

나의 부가가치를 높이려면 실천하라

성공하기 위해서 실천이 중요

성공하기까지는 수많은 노력의 세월과 실패, 고난을 거쳐야 한다는 사실을 알아야 한다. 한 연구기관에 의하면 우리나라 100대 기업의 최고경영자들은 평균 아침 5시 45분에 일어나 7시 47분에 출근한다. 외부인사 4~5명을 만나고 오후 6시 17분에 퇴근한다. 11시 33분에 잠자리에 든다. 한 달 평균 독서량은 10권 이상이다.

하루 평균 근무시간은 9시간 30분, 회의에 2시간 36분, 컴퓨터 이용에 1시간 56분을 쓰며, 해마다 8~9회 정도 해외 출장하는 것으로 조사됐다. 경영자로서 업무량에 대해서는 61.5%가 '적절하다'고 밝혔으나 33.4%는 '과중하거나 매우 과중하다'고 응답했다.

지금 현재 나의 모습은 어떤가? 아침 몇 시에 일어나는가? 몇 권의 책을 읽는가? 인적 네트워크는 어떻게 하고 있는가? 등을 생각해 보라. 말로만 할 것이 아니라 실천을 해야 한다. 기업이나 개인에게 변화는 이성보다 실천하는 행동에 의해 완성된다.

실패하는 회사나 개인은 무엇을 하든 고민만 한다. 와인을 마셔야 겠다, 복권을 사야겠다고 결정했으면 와인 마개를 따는 수고를 해야 된다. 복권에 당첨되기 위해서는 복권을 사는 행동을 먼저 해야 된다. 씨를 뿌려야 거둘 수 있다.

인생 뭐 있냐? 내 팔 내가 흔들고 네 팔 네가 흔드는데! 인생 뭐 있다. 내 팔 내가 흔드는 것도 쉽지 않은 사람도 있다. 인생 대충 사는 것이 아니다. 행복한 인생을 위해 당신의 부가가치를 높여라. 부가가치를 높이는 방법을 소개하였다. 이제는 실천이다.

성공적인 실천 방법

실천할 용기를 방해하는 다섯 가지 적이 있다. 망설임, 의심함, 두려움, 소심함, 꼬리 내림이다. 그런데 이것을 극복하는 방법이 있다. 아는 것이 힘이다. 아니다. 아는 것이 힘일 수도 있지만 실천하는 것이 힘이다. 실천을 잘 하기 위한 방법을 소개한다. 첫째, 계획을 세운다. 계획 세우는 방법은 SMART방법을 소개하였다. 둘째, 세운 계획을 짧게 나누어 실천 계획을 세운다. 예를 들면, 한 달 단위도 길다. 1주일 단위도 길다. 하루 단위나 2일 단위나 3일 단위로 구분하여 실천계획을 세운다. 그렇게 하면 실천할 확률이 높다. 셋째, 성공경험을 하라. 성공적으로 실천한 경험을 쌓아간다. 그 경험이 많을수록 실천할 확률이 높다. 넷째, 실천했으면 상을 수여하라. 스스로에게 칭찬하거나 만족감을 느껴본다. 그렇게 하면 실천할 확률이 높아진다.

다섯째, 지금 당장 실천한다. 교육이란 경험의 연속이다. 또한 알지 못하는 바를 알도록 가르치는 것을 의미하기도 하지만 사람들이 실천하지 않을 때 실천하도록 동기를 유발하는 것이기도 하다. 긴 고민도 필요하지만 고민했으면 지금 바로 실행에 옮기자. 난중일기 이야기가 있다. 이순신 장군이 전쟁중 쓴 일기다. 하루는 이순신 장군이 피곤하여 일기를 쓰지 않았다. 그러자 부하가 장군에게 오늘은 어찌하여 일기를 쓰지 않느냐고 물었다. 장군이 대답하기를 피곤하여 난중에 쓰겠다. 그래서 난중일기다. 유머다. 나중이 아니라 지금 당장 실천하라. 우문현답이 있다. 어리석은 질문에 현명한 답을 한다는 뜻인데 요즈음은 새로운 해석으로 우리에게 말하고 있다. 우리의 문제는 현장이 답이다. 실천하기 위해 발로 뛰어야 한다. 현장을 보아야 한다. 고민은 어떤 일을 시작하였기 때문에 생기는 것 보다 일을 할까 말까 망설이는 데서 더 많이 생긴다. 모든 일은 망설이기보다 불완전한 채로 시작하는 것이 한 걸음 앞서는 것이다. 망설이기보다는 차라리 실천하여 실패 경험을 선택하라. 지금 당장 해보자. 현금 · 백금 · 순금 · 소금보다 더 중요한 지금.

"항상 기뻐하라. 쉬지 말고 기도하라. 범사에 감사하라. 이것이 그리스도 예수 안에서 너희를 향하신 하나님의 뜻이니라." (데살로니가전서 5장 16절~18절)

참고문헌

가와세 마코토 저 현창혁 역(2011), 스토리텔링으로 배우는 경영전략 워크북, 케이펍.
강헌구(2000), 아들아 머뭇거리기엔 인생이 너무 짧다, 한언.
김달수 편저(1998), 산업교육 실무, 도서출판 보성.
김인경(2007), 지치고 힘들 때 읽는 책, 혜문서관.
김주한(2011), 회복탄력성, 위즈덤하우스.
다이애나 맥레앤 스미스 저, 모니터그룹 역(2009), 기업을 죽이고 살리는 리더간 의 갈등관리, 에이콘출판.
도널드 설, 데브라 마이어슨, 빌 문크, 로버트 케건, 리사 라스코우 라헤이 지음, 안기순 역(2010), 기업문화와 조직변화, 21세기 북스.
로버트 콘크린 저, 이정빈 역(1993), 매력 있는 인간성 창조의 비결, 지성문화사.
론다 번 저, 김우역 역(2007), 시크릿, 살림.
리처드 탈러 저, 안진환 역(2009), 넛지, 리더스 북.
마이클레빈 저, 김민주 외 역(2006), 깨진 유리창 법칙, 흐름출판.
미나미 히로시 저, 임성훈 편역(1987), 심리학 백과, 한국산업훈련연구소.
미야기 오토야 저, 황국산 역(1993), 재미있는 심리학 이야기, 진화당.
박정민(2008), 이미지메이킹과 서비스매너, 정림사.
버논하워드 저, 이일남 역(1989), 심상훈련의 기적, 민성사.
서울대학교 교육연구소(1994), 교육학 용어사전, 하우.
손진훈 외 공저 (1994), 심리학의 이해, 한올출판사.
스티븐 R. 코비 저, 김경섭 · 김원석 역(1996), 성공하는 사람들의 7가지 습관, 김영사.
신순철(2010), 창조적 변화에너지로 혁신하라, 디지털북스.
아사노 하치로 저, 이연숙 역(1994), 울퉁불퉁 심리의 세계, 글사랑.
앤 엘린슨 저, 주삼환, 명제창 공역(1996), 교양인간관계론, 법문사.
요시다덴세 저, 구현숙 역(2010), 조직을 성공으로 이끄는 리더십 팔로워십, 멘토르.
윤옥한(2003), 자신 있게 만나라, 새로운사람들.
윤옥한(2008), 명강의 교수법, 학지사.

윤은기(2004), 시테크 & 휴테크, 무한.
이민규(2005), 끌리는 사람은 1%가 다르다. 더난출판사.
이솝 저, 이덕형 역(2009), 이솝우화, 문예출판.
이인석(2006), 한국최고경영자 100인의 좌우명, 청년정신.
전영우(1994), 교양인의 화법, 창조사.
제랄드 니렌버그 저, 곽진희 역(1995), 책 읽듯이 사람을 읽는다, 수문출판사.
한국교육심리학회 편(2001), 교육심리학 용어사전, 학지사.
한국디베이트연구소 역(1987), 디베이트 입문, 한국산업훈련연구소.
할리 저, 박성희 역(1995), 사람들의 행동을 변화시키는 특이한 방법들, 양서원.
황농문(2011), 몰입: 두 번째 이야기, 랜덤하우스코리아.
T.A 해리스 저, 김정택 외 역(1993), 긍정적 삶의 비결, 중앙적성 출판사.
A. H. Maslow, 2nd ed.(2007), Motication and Personality, (New York: Harper & Row, Publishers, Inc.)
Ann Ellenson(2005), Human Relations, (New Jersey : Prentice Hall, Inc.)
Craig, R. L.(1996). The ASTD *Training & Development Handbook*(4th ed.). NY: McGrow-Hill.
David C. McClelland (2005), Human Motivation, (London England: Scott, Foresman and Company)
Holland, G.(2003),Transactional Analysis, Current Psycho-therpies (Itasca, Ⅲ: Peacock)
Larry King(2004), How to Talk to Anyone, Anytime, Anywhere, (New York: Crown Publishers, Inc.)
Paul Hersey, Ken Blanchard (2003), Management of Organizational Behavior, (New Jersey: Prentice Hall, Inc.)
Rosset, A.(2002). From training to training and performance. In R. Reiser & J. Dempsey, *Trends and issues in instructional design and technology*. Upper saddle River, NJ: Person Education.
Thomas A Harris(2002), I'm OK-You're OK, (New York : Harper & Row, Publishers)

윤옥한(尹玉漢) 박사

약력

국민대학교 교육학과 졸업

국민대학교 교육학과 대학원 졸업

(교육학박사, 교육과정전공: 교육과정개발/교육심리)

前, 세화고등학교 교사

대림산업(주) 인력개발팀 12년 근무

(주)한국인력개발본부 교육/정보 총괄 이사

現, (주)하이컨설팅 대표이사 (02-929-5053)

300여 개 기업체 · 공무원 · 학교 · 교회 등 출강

e-mail : okaiyoon@hanmail.net

homepage : www.onlinehrd.co.kr

facebook : www.facebook.com/okaiyoon

twitter : Following@okaiyoon on twitter

저서

괜찮은 나 만들기(AIM, 1996)

대인관계 Q(새로운 사람들, 1997)

능력 있는 나 만들기(새로운 사람들, 1999)

자신 있게 만나라(새로운 사람들, 2003)

명 강의 교수법(학지사, 2008)

괜찮은 나·우리 만들기

2011년 9월 5일 1판 1쇄 인쇄
2011년 9월 10일 1판 1쇄 발행

저 자 : 윤 옥 한
발행인 : 김 동 규
발행처 : 교 육 과 학 사

경기도 파주시 교하읍 문발리
파주출판문화정보산업단지 514-5
전화(031)955-6956~8 / 팩스(031)955-6037
Home-page : www.kyoyookbook.co.kr
등록 : 1970년 5월 18일 제2-73호

저자와의 협의하에 인지생략

낙장 · 파본은 교환해 드립니다.
Printed in Korea.

정가 12,000원
ISBN 978-89-254-0504-9